高等职业教育医药卫生类实验实训教材

# 基础化学实验实训

主　编　陈先玉　蒋　文
副主编　程家蓉　黄晓林
编　者　（以姓氏笔画为序）
　　　　杨　旭（重庆医药高等专科学校）
　　　　张稳稳（重庆医药高等专科学校）
　　　　陈先玉（重庆医药高等专科学校）
　　　　黄晓林（重庆医药高等专科学校）
　　　　蒋　文（重庆医药高等专科学校）
　　　　程家蓉（重庆医药高等专科学校）

科学出版社
北　京

·版权所有 侵权必究·

举报电话：010-64030229；010-64034315；13501151303（打假办）

## 内 容 简 介

本教材是《无机化学》、《有机化学》、《化学基础及分析技术》、《医用化学》等教材的配套教材。本教材由化学实验的基本知识、化学实验的基本操作、基础性实验、综合实验四部分构成，包含27个实训项目，每个实训项目由实训目的、实训内容、实训原理、实训用品、实训步骤、实训提示、实训思考、实训评价、实训报告等栏目组成。其中实训评价栏目，不仅为学生自评实训情况提供了标准，有助于学生的基本操作更加规范，也为教师考核学生操作提供了依据。

本教材可供高等职业院校医药卫生类、生化与药品类、食品类各专业的学生使用，也可供相关专业人员参考。

**图书在版编目（CIP）数据**

基础化学实验实训/陈先玉，蒋文主编.—北京：科学出版社，2018.8
高等职业教育医药卫生类实验实训教材
ISBN 978-7-03-057755-9

Ⅰ．基… Ⅱ．①陈… ②蒋… Ⅲ．医用化学-化学实验-高等职业教育-教材 Ⅳ．R313-33

中国版本图书馆CIP数据核字（2018）第125063号

责任编辑：丁彦斌 丁海燕／责任校对：彭珍珍
责任印制：赵 博／封面设计：张佩战

**版权所有，违者必究。未经本社许可，数字图书馆不得使用**

**科学出版社** 出版
北京东黄城根北街16号
邮政编码：100717
http://www.sciencep.com
**北京密东印刷有限公司** 印刷
科学出版社发行 各地新华书店经销
\*
2018年8月第 一 版 开本：787×1092 1/16
2022年7月第五次印刷 印张：7 1/2
字数：178 000
**定价：24.80元**
（如有印装质量问题，我社负责调换）

# 前　言

化学是一门实验科学，基础化学实验实训在医药类各专业的化学教学中占有重要的地位，是医药类各专业的重要基础课。本教材与"卫生部'十三五'规划教材"《无机化学》、《有机化学》、《化学基础及分析技术》、《医用化学》等配套使用。通过实验实训，不但能使学生巩固、加深对基本理论和基本知识的理解，掌握化学实验的基本方法和操作技能，培养学生独立观察问题、分析问题和解决问题的能力；培养学生严谨的科学态度、实事求是的科学作风，养成良好的实验习惯，为学习后续课程奠定化学实验基础。

本教材围绕专业培养目标，本着培养应用型人才的原则，充分考虑高等医药卫生职业教育的特点，按照学生的认知特点，选择实训项目，注重化学实验的基本知识、基本操作技能的训练，使学生的基本操作规范化；同时紧扣专业课的技能目标，通过基础实验、综合实验，强化与后续专业课的内在联系，为专业技能的学习奠定基础。

本教材中的各个实训项目由实训目的、实训内容、实训原理、实训用品、实训步骤、实训提示、实训思考、实训评价、实训报告等组成。其中实训评价不仅为学生自评实训情况提供了标准，也为教师考核提供了依据。

由于编者的水平所限，教材疏漏和不妥之处在所难免，敬请使用本教材的师生批评指正，以便不断修改，使本教材更趋完善。

编　者

2018 年 4 月

# 目 录

| | | |
|---|---|---|
| 第一章 | 化学实验的基本知识 | 1 |
| 第二章 | 化学实验的基本操作 | 10 |
| | 实训一　简单玻璃工操作 | 10 |
| | 实训二　塞子的选择、打孔与装配 | 15 |
| | 实训三　常用仪器及试剂的取用 | 17 |
| | 实训四　药用氯化钠的精制 | 22 |
| | 实训五　熔点的测定 | 25 |
| | 实训六　常压蒸馏和沸点的测定 | 28 |
| | 实训七　简单分馏 | 31 |
| | 实训八　水蒸气蒸馏 | 34 |
| | 实训九　电子天平的使用及固体物质的称量方法 | 37 |
| | 实训十　容量瓶、移液管的使用及溶液的配制 | 40 |
| | 实训十一　滴定操作的练习 | 46 |
| 第三章 | 基础性实验 | 52 |
| | 实训一　缓冲溶液的配制及性质 | 52 |
| | 实训二　氧化-还原反应 | 56 |
| | 实训三　配位化合物的生成和性质 | 59 |
| | 实训四　醇和酚性质的验证与鉴别 | 62 |
| | 实训五　醛和酮的性质与鉴别 | 67 |
| | 实训六　羧酸和取代羧酸的性质与鉴别 | 72 |
| | 实训七　葡萄糖溶液旋光度的测定 | 75 |
| | 实训八　糖类化合物的性质与鉴别 | 78 |
| | 实训九　盐酸标准溶液的配制和标定 | 82 |
| | 实训十　氢氧化钠标准溶液的配制和标定 | 84 |
| 第四章 | 综合实验 | 88 |
| | 实训一　乙酰水杨酸(阿司匹林)的制备 | 88 |
| | 实训二　从茶叶中提取咖啡因 | 92 |
| | 实训三　从橙皮中提取柠檬烯 | 95 |
| | 实训四　食醋中总酸度的测定 | 98 |
| | 实训五　过氧化氢含量的测定 | 100 |
| | 实训六　水的硬度测定 | 103 |
| 附录 | | 107 |
| | 附录一　常用酸碱的相对密度和浓度 | 107 |
| | 附录二　一些质子酸的解离常数(298.15K) | 107 |
| | 附录三　常用酸碱指示剂 | 108 |

附录四　常用缓冲溶液的配制和 pH ················································ 109
附录五　常见难溶化合物的溶度积常数(298.15K) ································ 109
附录六　常见配离子的稳定常数 $K_{稳}$(298.15K) ··································· 111
附录七　特殊试剂的配制方法 ························································ 113

# 第一章　化学实验的基本知识

## 一、实验室规则

实验室规则是人们从长期实验室工作中归纳总结出来的，它是防止意外事故，保证正常实验的良好环境、工作秩序和做好实验的重要前提。

1. 实验前必须认真预习实验教材，明确实验目的、实验要求，了解实验步骤、实验方法、基本原理及注意事项，写出预习报告，并提前进入实验室，熟悉实验室环境和各种设施的位置。

2. 实验开始前，检查实验所需的药品、器皿、仪器是否齐全，若有缺少和破损，及时向老师提出补领或更换，做好实验前准备。如果对仪器的使用方法、药品的性能不明确时，不得开始实验，以免发生意外事故。

3. 在指定位置进行实验，不擅离操作岗位，保持实验室的安静，精神集中，认真仔细地按实验教材(或指导)所规定的方法、步骤和试剂用量进行实验，如实做好实验记录。

4. 取完试剂应将试剂瓶盖盖好，切勿错盖，用毕放回原处；公用仪器和药品用毕，随时放回原处，不得私自占有。

5. 爱护仪器，谨慎使用，节约使用药品、试剂、蒸馏水、气、电。仪器如有破损，必须向教师登记调换；实验室内一切物品未经教师许可，不准带出室外。

6. 实验中要随时注意保持实验台面和地面的整洁，废纸、火柴梗和废品等杂物应倒入废物缸内，水槽应保持清洁、畅通。

7. 加热、用电、使用剧毒与腐蚀试剂应注意安全操作，避免事故。发生意外事故应保持镇静，不要惊慌失措；遇有烧伤、烫伤、割伤时应立即报告老师，及时急救和治疗。

8. 实验完毕，应洗净玻璃仪器，把实验台和药品架整理干净，清扫实验室。最后应检查门、窗、水、电、气是否关好。

## 二、化学实验的安全常识

化学实验过程中会经常接触各种化学试剂、电器设备及玻璃仪器，因此，化学实验常常潜藏着诸如发生爆炸、着火、灼伤、腐蚀等事故的危险性。为保证实验的顺利进行，实验者必须熟悉并严格遵守实验室安全守则和操作守则，避免事故的发生。

**1. 实验室一般安全守则**

(1) 实验室内严禁吸烟、饮食、嬉闹。

(2) 实验前应认真检查所用仪器是否完整无损，实验装置是否正确稳妥；熟悉实验室内水、电、气开关及安全用具的放置地点和使用方法。

(3) 实验进行中不得擅离岗位，做危险性大的实验时，应根据其性质采取必要的安全措施，如戴防护眼镜、面罩、橡皮手套等。

(4)使用有毒、异臭和强烈刺激性物质时，应在通风橱中操作。对反应产生的有害物质应按规定处理；接触有毒物质后，应立即洗净双手，避免中毒。

(5)实验中所用化学试剂，都不得随意散失、遗弃和污染，使用后须放回原处；实验后的残渣、废液等应倒入指定容器，统一处理。

(6)使用电器时应防止触电，不能用湿的手接触电插头，以免发生危险。

(7)实验结束后，要整理实验台面，及时洗手，关闭水、电、气等阀门，经老师检查合格后才能离去。

(8)实验室内所用试剂、仪器均不得携出室外。

**2. 实验室安全操作守则**

(1)试剂药瓶要有标签。剧毒药品必须与一般药品分开，设专柜并加锁，同时，必须制订保管、使用制度，专人专管，严格遵守取用程序。

(2)严禁试剂入口。如果需用鼻子鉴别试剂时，应将试剂瓶远离鼻子，用手轻轻扇动闻其味，严禁将鼻子接近瓶口。

(3)有毒气体必须在通风橱内进行操作处理，且操作者头部应该在通风橱外面，否则容易引起危害健康的人身事故。

(4)挥发性有机试剂应放置于通风良好的处所、冰箱或铁柜内。易燃药品如汽油、乙醚、二硫化碳、苯、乙醇(酒精)及其他低沸点物质不可放置于酒精灯、电炉或其他火源附近。

(5)开启含易挥发试剂的试剂瓶时，不可使瓶口对着自己或别人的脸部，且应在温度不高的情况下进行。

(6)实验过程中对于易挥发及易燃性有机溶剂的加热，应在水浴锅或严密电热板上慢慢地进行，严禁用明火或电炉直接加热。

(7)严禁氧化物与可燃物一起研磨。

**3. 实验室意外事故的处理** 实验过程中，若有意外事故发生，须沉着、冷静，应根据事故的性质采取对应的处理方法。实验室意外事故的处理方法见表1-0-1。

表1-0-1 实验室意外事故的处理方法

| 事故 | 正确处理方法 |
| --- | --- |
| 割伤 | 先仔细检查伤口处有无玻璃碎屑等异物，若有应先取出碎屑异物，再用生理盐水擦洗伤处，涂上碘酊后，撒些消炎粉并包扎。伤势较严重时，应先止血并用医用酒精在伤口周围清洗消毒，然后立即送医务室或医院处理 |
| 烫伤 | 切勿用水冲洗，若起疱不宜挑破。如果伤势较轻，涂上苦味酸或烫伤软膏即可；若皮肤已破，可涂些碘伏或1%高锰酸钾溶液；若伤势较重，不能涂烫伤软膏等油脂类药物，可撒纯净的碳酸氢钠，然后立即送医务室或医院处理 |
| 灼伤 | 如果强酸、强碱触及皮肤时，应先用干布抹去酸碱，再用大量自来水冲洗，然后用饱和的碳酸氢钠或硼酸溶液洗涤。如果皮肤被溴灼伤，立即用2%硫代硫酸钠溶液冲洗至伤处呈白色，也可用医用酒精冲洗，然后涂上甘油。如果皮肤被苯酚灼伤，先用大量水冲洗，再用医用酒精和三氯化铁(4∶1)的混合液洗涤 |
| 吸入刺激性或有毒气体 | 吸入溴蒸气、氯化氢气体时，可吸入少量乙醇和乙醚的混合气体解毒。吸入硫化氢或一氧化碳气体时，应立即到室外呼吸新鲜空气。但应注意氯气、溴中毒时不可进行人工呼吸，一氧化碳中毒不可服用兴奋剂 |

续表

| 事故 | 正确处理方法 |
|---|---|
| 误食毒物 | 将 5~10ml 稀硫酸铜溶液加入一杯温水中，内服后，将手指伸入咽喉部催吐，然后立即送医院 |
| 触电 | 立即切断电源，必要时进行人工呼吸 |
| 着火 | 立即切断火源（如切断电源、移走易燃物）。一般的小火可用湿布、石棉布或沙子覆盖燃烧物。火势大时可用泡沫灭火器。但电气设备引起的火灾，只能使用二氧化碳或四氯化碳灭火器灭火，不能使用泡沫灭火器，以免触电。实验人员衣服着火，应立即脱下衣服或用石棉布覆盖着火处，或就地卧倒打滚，使火焰熄灭 |

## 三、化学实验的常用仪器

化学实验经常使用的仪器见表 1-0-2。

表 1-0-2  化学实验中常用仪器

| 仪器 | 规格 | 用途 | 注意事项 |
|---|---|---|---|
| 温度计套管 | 常见的磨口为 14#、19# | 用于套接温度计，用于反应测温或蒸馏 | 根据反应瓶或蒸馏头口径的大小选择磨口大小 |
| 量筒 | 以所量的最大体积表示，常见的有 5ml、10ml、20ml、25ml、50ml、100ml 等 | 用于量取一定体积的液体 | 不能加热，不能在量筒中进行化学反应或配制溶液 |
| 容量瓶 | 玻璃质，用容量表示，常用的有 25ml、50ml、100ml、250ml 等 | 配制准确浓度的溶液 | 1. 瓶塞与瓶是配套的，不能互换<br>2. 不能加热及量取热的液体<br>3. 不能用作试剂瓶储存试剂<br>4. 不能在其中溶解固体<br>5. 在严格实验中应进行校准 |
| 酸式滴定管  碱式滴定管 | 玻璃质，分酸式（具有玻璃活塞）、碱式（具有乳胶管连接的玻璃尖嘴）和通用型（具有聚四氟乙烯活塞）三种，有无色和棕色两种，常用的有 25ml、50ml 等 | 用于溶液的滴定 | 1. 碱式滴定管盛放碱性溶液，酸式滴定管盛放酸性及氧化性溶液，二者不能互换使用<br>2. 见光易分解的滴定液应用棕色滴定管<br>3. 使用前应洗净，检查是否漏水和活塞是否转动灵活 |

续表

| 仪器 | 规格 | 用途 | 注意事项 |
| --- | --- | --- | --- |
| 移液管　吸量管 | 以所量的最大体积表示，常见的移液管有100ml、50ml、25ml等常见的吸量管有10ml、5ml、1ml等 | 用于精确量取一定体积的液体 | 不能加热，使用前洗涤干净，用待吸取液润洗 |
| 称量瓶 | 分高型、矮型，规格以外径(mm)×瓶高(mm)表示 | 分析天平准确称取一定量固体药品时用 | 1. 不能加热<br>2. 盖与瓶磨口配套，不能互换 |
| 分液漏斗和滴液漏斗 | 玻璃质。规格以容量和漏斗的形状（球形、梨形、筒形等）表示，如100ml球形分液漏斗、60ml筒形滴液漏斗 | 1. 分液漏斗用于液体的分离、洗涤和萃取<br>2. 滴液漏斗用于反应体系中滴加液体<br>3. 恒压漏斗主要用于向有压力存在的反应体系中滴加液体，或滴加易挥发、刺激性大的液体 | 1. 不能加热<br>2. 漏斗的上口塞子及活塞都是磨口配套的，应系好，避免滑出碎<br>3. 使用前应检查是否漏液和活塞是否转动灵活<br>4. 萃取时，振荡初期应多次放气，避免因压力过大，顶开塞子而漏液 |
| 布氏漏斗和抽滤瓶 | 布氏漏斗为瓷质，规格以直径表示，常见的有50mm、60mm、80mm等。抽滤瓶为玻璃质，规格以容量表示，常见的有50ml、100ml、250ml、500ml等 | 二者配套使用，用于减压过滤 | 1. 不能直接加热<br>2. 滤纸要略小于漏斗的内径并盖住漏斗内的小孔<br>3. 漏斗大小与要过滤的晶体或沉淀的量应相适应 |
| 点滴板 | 分玻璃或瓷质两种，瓷质的分黑釉和白釉两种。规格以穴数表示，有6穴、9穴、12穴等 | 用于点滴反应，观察沉淀的生成和颜色变化 | 1. 不能加热<br>2. 加入量不宜多于穴的容量<br>3. 白色沉淀用黑色板，有色沉淀或者溶液用白色板 |

## 第一章 化学实验的基本知识

续表

| 仪器 | 规格 | 用途 | 注意事项 |
|---|---|---|---|
| 表面皿 | 玻璃质。规格以直径表示，有45mm、65mm、75mm、90mm等 | 盖在烧杯上，防止液体溅出或灰尘落入；自然晾干少量晶体、承放器皿烘干用或称量用 | 1. 不能直接用火加热 2. 作盖用时直径应略大于被盖容器 |
| 三角漏斗 | 1. 玻璃质或搪瓷质，分长颈和短颈漏斗两种。热过滤时在短颈漏斗外套上铜制外套以便加热 2. 规格以漏斗直径表示，有30mm、40mm、60mm、100mm、120mm等 | 用于过滤及倾注液体。长颈漏斗主要用于定量分析中的过滤 | 1. 不能用火直接加热 2. 过滤时选用适当的滤纸。滤纸的折叠要得当 |
| 漏斗架 | 木制品，有螺丝可固定于支架上，并可上下调节高度 | 常压过滤时承放漏斗用 | 注意要固定牢固，避免过滤过程中漏斗滑下 |
| 三角架 | 铁制品，有大小高矮之分 | 酒精灯加热时放置较大或较重的加热容器，作仪器的支架物 | 使用时挑选相应的高度，使之与灯配合进行加热 |
| 石棉网 | 用铁丝编成铁丝网，中间涂有石棉。以铁丝状边长(cm)表示 | 加热时垫在受热仪器与热源之间，使之受热均匀 | 1. 石棉脱落的石棉网不能使用 2. 不能卷折，以免石棉脱落 3. 不能与水接触，遇水后会石棉脱落、铁丝锈蚀 |
| 研钵 | 由瓷、玻璃、玛瑙或金属制成。规格以口径大小(mm)表示，有60m、80mm、100mm | 研碎固体物质或混合固体物质。视固体的性质和硬度选用不同材质的研钵 | 1. 不能用火直接加热 2. 研碎固体物质时，只能碾压，不能用力舂 3. 易爆物质只能轻轻压碎，不能研磨 4. 固体物质的量不能超过研钵容积的1/3 |
| 坩埚 | 有瓷、石英、铁、镍、铂、玛瑙等多种材质。规格以容量表示，常见的规格有50ml、40ml、30ml等 | 用于灼烧固体。随固体性质不同而选用不同材质的坩埚 | 1. 灼烧时放在泥三角上直接用火烧，或放入高温炉中煅烧 2. 热的坩埚应置于石棉网上、搪瓷盘内。稍冷后，移入干燥器中存放 3. 灼热的坩埚不能骤冷 |

5

续表

| 仪器 | 规格 | 用途 | 注意事项 |
|---|---|---|---|
| 坩埚夹 | 铁或铜合金，表面常镀镍、铬。有大小、长短的不同 | 夹持坩埚，亦可用于夹取热的蒸发皿 | 1. 用前必须将坩埚夹洗净<br>2. 使用前后，应将坩埚夹尖部朝上放置于桌面或石棉网（温度很高时）<br>3. 夹取灼热的坩埚时，坩埚夹尖部钳尖需预热，以免坩埚局部骤冷而破裂 |
| 试管架 | 有木制、铝制和塑料制品，具有不同的形状和大小 | 放置试管 | 加热后未冷却的试管应用试管夹夹住悬放在试管架上 |
| 试管夹 | 有木制、竹制和金属制品。形状也各有不同 | 夹持试管 | 1. 试管夹应夹试管中上部分<br>2. 防止烧损或锈蚀<br>3. 一定要从试管底部套上和取下试管夹<br>4. 当夹持试管时，不许用拇指按夹的活动部位，以免试管脱落 |
| 试管刷 | 以大小或用途表示，如试管刷、烧杯刷等 | 洗刷玻璃器皿 | 注意毛刷头部应有竖毛，防止铁丝露出戳破仪器 |
| 药匙(药勺) | 由牛角、塑料或金属制成。具有不同的形状和大小 | 取固体试剂用。根据所取试剂的量选用药匙两端的大匙或小匙 | 1. 保持药匙的干净，避免污染试剂<br>2. 不能取灼热药品 |
| 单爪夹<br>铁圈<br>铁架台 | 铁制品 | 用于固定或放置反应容器（如烧杯、冷凝管等）；铁环还可代替漏斗架使用 | 1. 使用时仪器和铁架的重心应落在铁架台底座的中央，防止重心不稳而倾倒<br>2. 用铁夹夹持仪器时，应以仪器不能转动或脱落为宜，不能过紧或过松 |
| 洗瓶 | 塑料洗瓶的规格以容量（ml）表示，常用的是500ml | 盛装去离子水或蒸馏水，洗涤仪器 | 1. 不能加热<br>2. 瓶塞不能漏气，否则吹不出水 |

续表

| 仪器 | 规格 | 用途 | 注意事项 |
|---|---|---|---|
| 水浴锅 | 铜或铝制品 | 用于较低温度的间接加热（水浴），也可用于粗略控温实验 | 1. 根据需要选择<br>2. 经常添加水，以防锅内水烧干<br>3. 用完后应将锅内剩水倒出并擦干水浴锅保存 |
| 三口烧瓶 | 一般中间的磨口为 19#、24#、29#，两边的磨口对应的为 14#、19#、24# | 多用于反应，三口可分别安装温度计、机械搅拌、冷凝装置或滴液漏斗等 | 较少用直火加热，一般使用外浴为热源 |
| 圆底烧瓶 | 标准磨口规格为 14#、19#、24#、29#等 | 用于反应、回流、加热和蒸馏等操作 | 较少用直火加热，一般使用外浴为热源 |
| 球形冷凝管 | 常见磨口为 14#、19#、24# | 用于反应回流 | 1. 冷凝管通水后很重，所以宜将夹子夹在冷凝管中心处，以免翻倒。注意夹子不宜夹得过紧<br>2. 通水时，切忌水开得太大、太猛 |
| 直形冷凝管 | 常见磨口为 14#、19#、24# | 用于蒸馏 | 用于沸点在 140℃以下的液体的冷凝 |
| 空气冷凝管 | 常见磨口为 14#、19#、24# | 用于蒸馏 | 用于沸点在 140℃以上的液体的冷凝 |
| 蒸馏头 | 两个外磨口，一个内磨口，口径大小有多种搭配。可根据需要选择 | 用于常压或减压蒸馏 | 可用于需测定沸点的液体蒸馏 |

续表

| 仪器 | 规格 | 用途 | 注意事项 |
|---|---|---|---|
| 克氏蒸馏头 | 两个外磨口，两个内磨口，口径大小有多种搭配。可根据需要选择 | 用于减压蒸馏 | 直管上磨口插通气套管、蒸馏毛细管，另一内磨口插温度计 |
| 尾接管 | 常见磨口为 14#、19#、24# | 用于常压蒸馏 | 与冷凝管、蒸馏头配套使用 |
| 真空尾接管 | 常见磨口为 14#、19#、24# | 用于常压、减压蒸馏 | 与冷凝管、蒸馏头、克氏蒸馏头配套使用；右侧管可以接减压装置，也可通大气 |
| 刺形分馏柱 | 常见磨口为 14#、19#、24# | 用于常压或减压蒸馏 | 下端接蒸馏瓶，上端接蒸馏头或克氏蒸馏头 |
| 接头/变口 | 一般变换口径为 24#/29#、19#/29#、19#/24#、14#/19#几种 | 用于连接不同口径的磨口仪器 | 根据实际需要选择合适的接头 |
| 磨口塞 | 一般有 14#、19#、24#、29#几种口径 | 用于磨口瓶的塞堵 | 根据实际需要选择合适口径的塞子 |
| 干燥管 | 有磨口与非磨口两种，一般磨口为 14#、19# | 内装干燥剂，用于干燥气体或用作无水反应装置 | 非磨口干燥管通过乳胶管与真空尾接管相连，用于无水溶剂的蒸馏；也可插入橡皮塞，塞于试剂瓶上，用于金属钠对溶剂的干燥等。磨口干燥管分为直形、弯形和 U 形三种，可根据实际用途选择。注意干燥剂的装填并及时更换 |

续表

| 仪器 | 规格 | 用途 | 注意事项 |
|---|---|---|---|
| 磨口锥形瓶 | 常见的有 14#、19#、24#、29#几种口径 | 用于储存液体及少量液体的加热。也可替代烧瓶作为反应瓶使用 | 不能用于减压蒸馏 |

注：表示标准磨口规格的#指磨口最大端内径（mm），如19#指磨口最大端内径为19mm。

（陈先玉　蒋　文　杨　旭）

# 第二章　化学实验的基本操作

## 实训一　简单玻璃工操作

### 一、实训目的

1. 掌握玻璃管(棒)的切割、烧圆、弯曲、熔光等操作技术。
2. 掌握酒精喷灯的使用。
3. 初步掌握制作简单玻璃用具的方法。

### 二、实训内容

1. 酒精喷灯的使用。
2. 玻璃管(棒)的洗涤和切割，熔点管、沸点管、点样管、玻璃钉、玻璃沸石及玻璃弯管的拉制等简单玻璃工操作。

### 三、实训原理

玻璃工操作是化学实验中的重要操作之一，因为测熔点、薄板层析、减压蒸馏所用的毛细管、点样管，蒸馏时用的弯管，气体吸收装置，水蒸气蒸馏装置及滴管、玻璃钉、搅拌棒等常需自己动手制作。简单玻璃工操作主要指玻璃管、玻璃棒的切割、弯曲、拉伸等操作。

**1. 玻璃管(棒)的清洗和切割**　待加工的玻璃管(棒)应首先清洁和干燥。一般情况下，新购的玻璃管(棒)用自来水或蒸馏水清洗即可满足要求。制备熔点管的玻璃管则要先用洗涤剂(硝酸、盐酸等)洗涤，再用自来水清洗，最后用蒸馏水清洗，干燥，然后进行加工。

玻璃管(棒)的切割操作要领：左手持管(棒)，用锉刀或用小砂轮在欲割断的地方朝一个方向锉划 2～3 次，锉痕要深。然后两手握管，以大拇指顶住锉痕背面的两边，轻轻向前推，同时朝两边拉，玻璃管即可从锉痕处平整地断开(图 2-1-1A)。也可在锉痕处涂点水，更容易折断。为了安全，可在锉痕的两边包上布后再折，并尽可能离眼睛远些。对于较粗的玻璃管或需在玻璃管的近管端处进行截断的玻璃管可以用热切法(灼烧玻璃球切断法)，即将一末端拉细的玻璃棒在煤气灯焰上加强热，软化后紧按在锉痕处，玻璃管即沿锉痕的方向裂开。若裂痕未扩展成一整圈，可以逐次用烧热的玻璃棒压触在裂痕稍前处，直至玻璃管完全断开。裂开的玻璃管边沿很锋利，必须在火中烧熔使之光滑(熔光)，即将玻璃管呈45°角在氧化焰边沿处一边烧，一边来回转动直至管口平滑为止。不可烧熔太久，以免管口缩小。

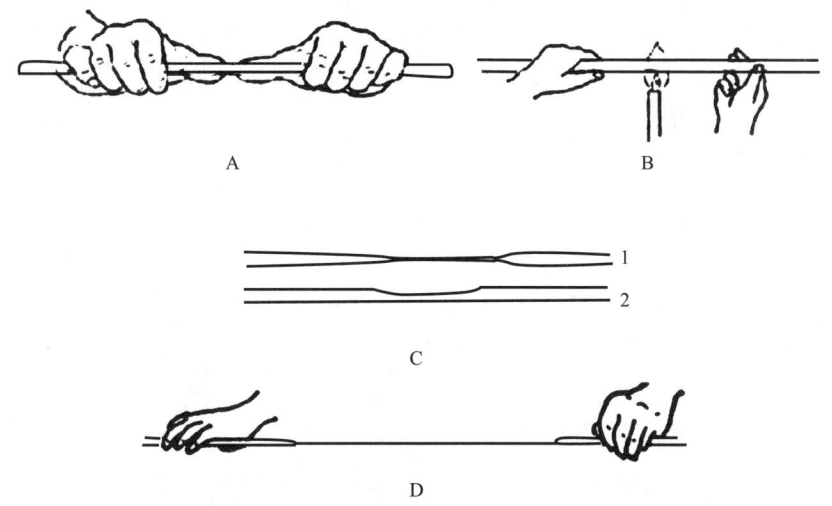

图 2-1-1　玻璃管的折断、拉丝和拉制熔点管
A. 折断玻璃管；B. 拉玻璃管；C. 拉丝后的玻璃管；D. 拉制熔点管

**2. 拉玻璃管**　选取直径 5~6mm 的玻璃管,将玻璃管外围用干布擦净,先用小火烘烤,将玻璃管中水汽烘干,然后再加大火焰[防止发生爆裂,每次加热玻璃管(棒)时都应如此]并不断转动。一般习惯用左手握玻璃管转动,右手托住,如图 2-1-1B 所示。转动时玻璃管不要上下前后移动。在玻璃管略微变软时,托玻璃管的右手也要以大致相同的速度将玻璃管做同方向(同轴)转动,以免玻璃管扭曲。当玻璃管发黄变软后,即可从火焰中取出,让玻璃管倾斜,右手稍高,两手做同方向旋转,边拉边转动直至拉成合适管径。将拉好的玻璃管放在石棉网上晾凉,用砂轮在拉细处截断,在弱火焰上将两端管口烧圆,即制成两支滴管。

如果拉伸的时间、速度、力度都掌握得很好,则拉出的滴管外形美观,粗部与细部同轴(如图 2-1-1C 中 1 所示)。如果拉伸时不加转动,则会拉偏,粗细部不同轴(如图 2-1-1C 中 2 所示)。

**3. 拉制熔点管、沸点管、点样管及玻璃沸石**　取一根清洁干燥的、直径为 1cm、壁厚 1mm 左右的玻璃管,放在灯焰上加热。先小火后大火加热,同时转动玻璃管,当烧至发黄变软时,从火中取出,趁热拉长,双手拇指与示指保持同向同速捻动,以防拉成扁管。开始拉时要慢些,然后再较快地拉长,使之成内径为 1mm 左右的毛细管,见图 2-1-1D。拉长后,立刻松开一只手,另一只手提着一端,使管靠重力拉直并冷却定型。稍冷后平放在石棉布上冷却。选取直径合格的部分,用砂轮把毛细管截成长为 15cm 左右的小段,两端都用小火封闭(封闭时将管呈 45°角在小火的外焰处一边转动,一边加热,制点样管时,不必封口),冷却后放置在试管内,备以后测熔点用。使用时只要将毛细管从中央割断,即得两根熔点管。

用上法拉成内径 3~4mm 的毛细管,截成长 7~8cm,一端用小火封闭,作为沸点管的外管。另将内径约 1mm 的毛细管在中间部位封闭,自封闭处一端截取约 5mm(作为沸点管内管的下端),另一端长约 8cm,总长约 9cm,作为内管,由此两根粗细不同的毛细管组合即构成沸点管(图 2-1-2A)。

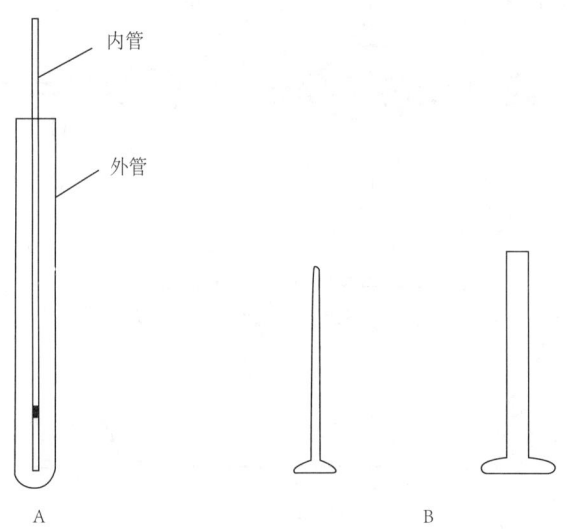

图 2-1-2　沸点管及玻璃钉

A. 微量沸点管；B.(左图为漏斗过滤用，右图为研磨样品用)玻璃钉

将不合格的毛细管(或玻璃管、玻璃棒)在火焰中反复熔拉(拉长后再对叠在一起，造成空隙，保留空气)几十次后，再熔拉成 1～2mm 粗细。冷却后截成长约 1cm 的小段，装在小试管中，蒸馏时可作为玻璃沸石用。

**4. 拉制玻璃钉**　将一段玻璃棒在酒精喷灯火焰上加热，火焰由小到大，且不断均匀转动，到玻璃棒发黄变软时取出，手拿玻璃棒中部，在石棉网上轻按一下，即成一小玻璃钉(图 2-1-2B)，可供玻璃钉漏斗过滤时用。另取一段玻璃棒，将其一端在氧化焰中烧到红软后，置于石棉网上垂直用力向下压，迅速使软化部分呈圆饼状，直径为 1.5cm 左右，即成一大玻璃钉，可供研磨样品或抽滤时挤压样品用。

**5. 弯玻璃管**　将一段洁净干燥的玻璃管在酒精喷灯火焰上加热(玻璃管受热的长度可达 5～8cm)，一边加热，一边慢慢转动使玻璃管受热均匀。当玻璃管软化后即从火中取出，两手轻轻地向中心施力，使弯曲至所需要的角度。注意不要用力过大，否则在弯曲的地方玻璃管要瘪陷或纠结起来。如果玻璃管要弯成较小的角度，则需分几次弯。每次弯一定的角度，反复多次加热弯曲，每次加热的部位要稍有偏移，直到弯成所需要的角度。弯好的玻璃管，管径应该是均匀的，角的两边在同一平面上，角度符合要求。

**6. 简单玻璃仪器的修理**　实验室中经常遇到冷凝管或量筒的管口破裂，如能稍加修理都还可使用。其方法是(以量筒为例)，在裂口下用三角锉绕一圈锉一深痕，再用直径为 2mm 左右的一根细玻璃棒，在煤气灯的强火焰上烧红烧软，取出立即将之放在锉痕上，并稍用力压，玻璃管即沿锉痕的方向裂开。若裂痕未扩展成一整圈，可重复上述步骤数次，直至玻璃管完全断开。再在强火焰上把量筒口烧圆，然后将管口的适当部位在强火焰上烧软，用镊子向外一压即可成一圆嘴。

也可用另一种方法切割管口：用浸有乙醇的棉绳，绕在管口裂口的下面，围成一圈，用火柴点着棉绳，待棉绳刚熄灭时，趁热用玻璃管蘸水冷激棉绳处，玻璃管则沿棉绳处裂开。也可用导线代替棉绳，用通电来加热导线处的玻璃管，能收到同样的效果。

## 四、实训用品

**1. 仪器**　酒精喷灯，镊子，棉线，三角锉刀(或小砂轮)，毛巾，石棉板(网)，火柴(或打火机)。

**2. 材料**　工业酒精，直径8～12mm、长1m玻璃管1根，直径5～6mm、长1m玻璃管1根，直径2～3mm、长0.5m玻璃棒1根，直径5mm、长0.5m玻璃棒1根。

## 五、实训步骤

**1. 制作滴管**　用直径5～6mm的玻璃管制成总长度约为15cm的滴管3根，其细端内径为1.5mm、长3～4cm。细端口须在火焰中熔光。粗端口在火焰中烧软后在石棉网上按一下，使其外缘突出，冷却后装上橡皮乳头即成。

**2. 拉制熔点管**　用直径8～12mm的薄壁玻璃管拉制成长约15cm、直径1mm两端封口的毛细管30根，装入大试管，备用。

**3. 制作玻璃钉及搅拌棒**　取直径2～3mm、长5～6mm的玻璃棒拉制小玻璃钉1支(放在小漏斗内即成玻璃钉漏斗，作抽滤少量晶体用)。

取直径5mm、长5～6cm的玻璃棒1根，一端在火焰中烧软后在石棉网上用力按成大玻璃钉，作挤压或研细少量晶体用。

再用直径2～3mm、长17～18cm的玻璃棒及12cm长的玻璃棒各1根，两端在火焰中烧圆，作搅拌用。

**4. 拉制玻璃弯管**　制作120°和75°角的玻璃弯管各1支(具体操作见"三、实训原理")。

**5. 拉制玻璃沸石**　取一段直径5～6mm的玻璃管，在火焰中反复熔拉(拉长后再对叠在一起，造成空隙，保留空气)几十次，然后拉成毛细管粗细的玻璃棒，截成长2～3cm玻璃段，即成玻璃沸石。共拉制数十根，装在瓶中备用(蒸馏时作助沸用，特别是当蒸馏少量物质时，它比一般沸石黏附的液体要少，并容易刮下吸附在其表面的固体物质)。

## 六、实训提示

1. 切割玻璃管或玻璃棒时不可来回乱锉，否则不但锉痕多，而且易使锉刀或小砂轮变钝。

2. 注意刚烧制过的玻璃温度高且冷却慢，应小心操作，防止烫伤。烧制过的玻璃应放在石棉网上，切勿直接放在实验台面上。

## 七、实训思考

1. 为什么在拉制玻璃弯管及毛细管时，玻璃必须均匀转动加热？

2. 在强火加玻璃管(棒)之前，应先用小火加热。在加工完毕后，又需经小火"退火"，这是为什么？

## 八、实训评价

| 测试项目 | 指标分值 | 测评标准 | | | | 得分 |
|---|---|---|---|---|---|---|
| | | 完全达到 | 基本达到 | 部分达到 | 少量达到 | |
| 玻璃管(棒)的切割 | 2 | 1. 熟悉切割玻璃管(棒)的步骤及要领<br>2. 切割的玻璃管或玻璃棒的切口整齐<br>3. 养成在锉痕的两边包上布后再折,并尽可能远离眼睛等安全习惯 | | | | |
| 熔点管、沸点管、点样管、玻璃钉、玻璃沸石及玻璃弯管的拉制,简单玻璃仪器的修理等简单玻璃工操作 | 4 | 1. 能正确使用酒精喷灯<br>2. 熟悉熔点管、沸点管、点样管、玻璃钉、玻璃沸石及玻璃弯管的拉制,简单玻璃仪器的修理等简单玻璃工操作<br>3. 能拉制出可用的熔点管、沸点管、点样管、玻璃钉、玻璃沸石及玻璃弯管,能修理简单玻璃仪器<br>4. 养成将高温玻璃用品放置于石棉网或石棉板上冷却的习惯 | | | | |
| 实验态度 | 2 | 1. 遵守实验、实训规章制度,遵守安全守则<br>2. 实验服保持清洁,认真操作,不高声谈笑 | | | | |
| 实验习惯 | 2 | 1. 台面整洁,仪器摆放有序,爱护仪器,养成节约材料(玻璃管、玻璃棒和乙醇)的习惯<br>2. 操作规范,有条不紊,实训报告书写标准<br>3. 实验结束,能做好收尾工作 | | | | |
| 总分 | | | | | | |

测试时间:　　年　月　日　　　　　　　　　评价教师:

## 九、实训报告

　　实训名称:　　　　　　　实训日期:　　　　　　　实训成绩:

　　**1. 实训记录:**




　　**2. 实训小结:**




(杨　旭)

# 实训二　塞子的选择、打孔与装配

## 一、实训目的

1. 掌握塞子的选择。
2. 学会塞子的打孔与装配技术。

## 二、实训内容

1. 在软木塞中钻孔，孔的大小适合插入玻璃管或温度计。
2. 在橡皮塞中钻孔，孔的大小适合插入玻璃管或温度计。

## 三、实训原理

实验室中常用的塞子为软木塞和橡皮塞。软木塞具有不易与有机化合物反应的特点，但易漏气或被酸、碱腐蚀，所以在减压操作中不宜使用。通常有机溶剂会使橡皮塞腐蚀和溶胀，且橡皮塞高温下易变形，但在要求封闭严密的实验中（如减压蒸馏等）就必须采用橡皮塞。

有些实验室往往需要在塞子内插入导管、温度计、分液漏斗等，故常需在塞子上打孔。在使用非标准口仪器时，为使不同仪器相互连接，也需在塞子上打孔。钻孔器有靠手力钻孔的钻孔器，也有把钻孔器固定在简单的机械上借机械力钻孔的打孔器。

软木塞在钻孔前，须用压塞机压紧（如无压塞机，可用一块小木块放在桌子上滚压几下），以免软木塞在钻孔时破裂。选用打孔器时，其外径应比要插入软木塞的物体的直径或外径略小一点。钻孔时，可将软木塞平放在桌面上，小的一端向上，打孔器前端用水、肥皂水或甘油润湿，然后左手紧握塞子，右手将打孔器向下用力顺时针方向垂直而均匀地旋入，要防止塞子歪斜，且不能用力过猛。当钻至塞子高度的一半时，逆时针旋出打孔器，用细的金属棒捅掉打孔器内的碎屑。然后从塞子的大头对准原来的钻孔位置，按上述方法，垂直把孔钻通。钻好的塞孔，可用圆锉修理圆滑，以达到所需的大小。

橡皮塞打孔时，选用打孔器的外径应与插入橡皮塞的玻璃管或温度计等直径一样大，在打孔器的前部最好涂上一点甘油或凡士林，使其易钻入，直到钻通为止，取出打孔器，然后用金属棒捅掉打孔器内的橡皮屑。

钻好孔后，将准备插入的玻璃管或温度计等的下部表面涂上一些水或甘油作为润滑剂以减少阻力，用手指捏住距离玻璃口较近的地方，均匀用力慢慢旋入孔内。一手握住玻璃管或温度计，要握在玻璃管或温度计接近塞子那一端附近的位置，另一手握住塞子慢慢旋转插入，不可以用力直推，最好用布包住手捏部位，以免折断玻璃管和温度计，使手割伤。

## 四、实训用品

**1. 仪器**　打孔器，温度计(直径15mm)2支。
**2. 材料**　软木塞，橡皮塞，玻璃管(直径10mm，长15cm)2根。

## 五、实训步骤

**1. 软木塞的打孔及装配**　选择外径为15mm和10mm的打孔器，在软木塞上打孔，并分别装配直径为15mm的温度计和外径为10mm的玻璃管。

**2. 橡皮塞的打孔及装配**　选择外径为15mm和10mm的打孔器，在橡皮塞上打孔，并分别装配直径为15mm的温度计和外径为10mm的玻璃管。

## 六、实训提示

塞子的大小应与所塞仪器口径大小相适应，以能塞入瓶口部分为塞子高的1/3～2/3为宜。所选塞子应先检查，不能有裂缝或污物。

用过的塞子用洗净、晾干，以备下次使用，已污染并且无法清洗的塞子则不能再使用。

## 七、实训思考

1. 在减压操作中应选择软木塞还是橡皮塞，为什么？
2. 为什么软木塞子打孔要两面打？

## 八、实训评价

| 测试项目 | 指标分值 | 测评标准 | | | | 得分 |
|---|---|---|---|---|---|---|
| | | 完全达到 | 基本达到 | 部分达到 | 少量达到 | |
| 塞子的选择与打孔 | 3 | 1. 能结合用途正确选择不同类型和大小的塞子<br>2. 手力和机械力两种类型的打孔器均能操作<br>3. 知道借助适当的物质(包括工具)打出符合要求的、美观的带孔软木塞和橡皮塞 | | | | |
| 打孔塞的装配 | 3 | 能借助适当的介质在软木塞或橡皮塞上装配玻璃管或温度计，养成防止受伤的好习惯 | | | | |
| 实验态度 | 2 | 1. 遵守实验、实训规章制度，遵守安全守则<br>2. 实验服保持清洁，认真操作，不高声谈笑 | | | | |

续表

| 测试项目 | 指标分值 | 测评标准 | | | | 得分 |
|---|---|---|---|---|---|---|
| | | 完全达到 | 基本达到 | 部分达到 | 少量达到 | |
| 实验习惯 | 2 | 1. 台面整洁，仪器摆放有序，爱护仪器，节约试剂<br>2. 操作规范，有条不紊，实训报告书写标准<br>3. 实验结束，能做好收尾工作 | | | | |
| | | | | | | |
| 总分 | | | | | | |

测试时间：　　年　月　日　　　　　　　　评价教师：

## 九、实训报告

实训名称：　　　　　　实训日期：　　　　　　实训成绩：

**1.** 实训记录：



**2.** 实训小结：

（杨　旭）

# 实训三　常用仪器及试剂的取用

## 一、实训目的

1. 学会正确使用常用仪器。
2. 学会液体药品、固体药品的取用。
3. 认识常用仪器。

## 二、实训内容

①玻璃仪器的洗涤；②玻璃仪器的干燥；③酒精灯的使用；④托盘天平的使用；⑤试剂的取用；⑥加热的方法。

## 三、实训原理

**1. 玻璃仪器的洗涤** 实训仪器应保持洁净，实训用过的试管、烧杯等玻璃仪器均应立即洗涤干净。一般洗涤如下：

(1)自来水冲洗：可洗去可溶性物质和附着在仪器上的尘土。注入约占试管或其他仪器总容积 1/3 的自来水，用力振荡后把水倒掉。重复数次。用水冲洗不易洗掉的物质，可用试管刷刷洗。刷洗后，再用自来水连续振荡洗涤数次。

(2)去污粉或洗衣粉洗：仪器若沾有油污，需先用去污粉或洗衣粉刷洗，再用自来水冲洗干净。

(3)用酸洗：如果仪器器壁附有不溶性的碱、碳酸盐、碱性氧化物等，可先加入少量 6mol/L 的盐酸(HCl 溶液)使其溶解，再用自来水冲洗干净。如果仪器器壁附有铜、银等金属，可先加入少量 6mol/L 的硝酸($HNO_3$ 溶液)使其溶解，再用自来水冲洗干净。

(4)用重铬酸钾洗液洗：用以上方法均洗不掉的污物，可用重铬酸钾洗液洗涤。使用洗液时要注意安全，因为重铬酸钾洗液有很强的腐蚀性。使用洗液前，仪器内应尽量无水，以免洗液被稀释，效果下降。洗液可以反复使用，用完后倒回瓶内。当洗液变成绿色时，表示失效。

用以上方法洗涤后的仪器，往往还含有 $Ca^{2+}$、$Mg^{2+}$、$Cl^-$ 等离子，如果实训中不允许这些离子的存在，则应用蒸馏水润洗 2~3 次。

**2. 玻璃仪器的干燥**

(1)晾干：仪器倒置在仪器柜内或仪器架上晾干。

(2)烤干：烧杯和蒸发皿可放在石棉网上用小火烤干。试管可直接用小火烤干，操作时，试管应略微倾斜，管口略低，并不断来回移动试管，使之受热均匀。当烤到不见水珠时，使管口略向上，以便将水汽除尽。

(3)烘干：洗净的仪器可以放在电热干燥箱(烘箱)内烤干。放置仪器时，使仪器口朝下(如果倒置后不稳的仪器则应平放)，或用电吹风将仪器吹干。

(4)快干：用少量酒精或丙酮润洗(酒精或丙酮应回收)仪器，然后晾干或吹干。

带有刻度的计量仪器不能用加热的方法干燥，因为加热会影响这些仪器的精密度。

**3. 酒精灯的使用** 使用酒精灯前，应先检查灯芯。如果顶端已烧平或烧焦，应用镊子向上拉一下，再剪去焦处。灯中若无酒精或酒精较少时，应添加酒精，添加后酒精不能超过酒精灯容积的 2/3。绝对不允许向燃着的酒精灯中添加酒精，以免失火。点燃酒精灯时，严禁用燃着的酒精灯去点另一盏酒精灯。

熄灭酒精灯时不能用嘴吹，以免引起灯内酒精燃烧，发生危险，必须用灯帽盖灭。酒精灯不用时，必须盖好灯帽，否则酒精挥发后不易点燃。

酒精灯的灯焰分焰心、内焰、外焰三部分。焰心是没有燃烧的酒精蒸气，内焰燃烧不完全，只有外焰燃烧充分，因为酒精蒸气在这里能充分与氧气反应，所以外焰温度最高。用酒精灯加热时，物体应放在内焰和外焰的交界部分。

**4. 托盘天平的使用** 托盘天平用于粗略的称量。它能迅速地称量物体的质量，但精确度不高，一般能准确至 0.1g。

称量前，应先调整零点。将游码拨到游码标尺的"0"位，检查天平的指针是否停在刻度盘的中间位置。如果不在中间位置，可调节托盘下的平衡螺丝，使指针停在刻度盘的中间位置，将此中间位置称为零点。

称量时，左盘放称量物，右盘放砝码。5g以下的称量物，可移动游码标尺上的游码。当添加砝码到天平的指针停在刻度盘的中间位置时，天平处于平衡状态。此时天平指针所停的位置称为停点。停点和零点相符时（允许停点和零点之间相差1小格以内），砝码的质量加游码所指示的质量即为称量物的质量。

称量时，必须注意以下几点：①加砝码时应由大到小，最后加游码；②称量物应放在称量纸或表面皿上，不能直接放在托盘上；③不能称量热的物品；④称量完毕，应休止天平（将两个托盘放在同侧，或用橡皮圈架起托盘，以免天平摆动）。

**5. 试剂的取用** 固体试剂装在广口瓶中，液体试剂则盛在细口瓶中。见光容易分解的试剂（如 $AgNO_3$、$KMnO_4$）应装在棕色瓶中。装碱液的试剂瓶不能使用玻璃瓶塞，而应用橡皮塞。试剂瓶必须贴上标签，标明试剂的名称和规格，液体试剂还应标明浓度，标签外面应涂上一层薄蜡加以保护。

取用试剂时，应看清标签。取用时，先打开瓶塞，将瓶塞反放在实验台上，不能将瓶塞横放或正放于桌面上，以免污染。不能用手接触化学试剂。应根据用量取用试剂，不必多取。这样既能节约药品，又能取得好的实训结果。取完试剂后，一定要把瓶塞盖严，绝对不允许"张冠李戴"，污染药品。把试剂瓶放回原处，以保持实验台整齐干净。

(1) 液体试剂的取用

1) 从滴瓶中取液体试剂时，要用滴瓶中的滴管，不要用别的滴管。取出后，滴管不能伸入接收容器中，以免接触器壁而污染药品，更不能伸入到其他液体中，如果用滴管从试剂瓶中取少量试剂时，滴管一定要洗净、干燥或用附置于试剂瓶旁的专用滴管取用。装有药品的滴管不能横放或管口向上斜放，以免药品流入滴管的胶头中。因为液体药品可能会与胶头发生化学反应，引起液体药品变质，影响实训结果。

2) 从细口瓶中取液体试剂时，用倾注法。先将瓶塞取下，反放在桌面上，手握住试剂瓶上贴标签的一面，逐渐倾斜瓶子，让试剂沿着洁净的试管壁或洁净的玻璃棒流入容器。倒出所需量后，将试剂瓶在容器口上靠一下，再慢慢地直立瓶子，以免留在瓶口的滴液沿瓶子的外壁流下。已取出的试剂不能再倒回试剂瓶。

3) 在试管里进行某些试验时，取试剂不需要准确用量，只要学会估计取用液体的量即可。因此应该知道用滴管取用液体时，1ml相当于多少滴，5ml液体占一支试管容量的几分之几等。倒入试管里溶液的量，一般不超过其容积的1/3。

4) 如果需要准确取试剂时，则根据准确度的要求，选用量筒、移液管或滴定管。量筒用于量取一定体积的液体，可根据需要选用不同容量的量筒。量取液体时，要使视线与量筒内液体的弯月面的最低处保持水平，偏高或偏低都会读不准而造成较大的误差。

(2) 固体试剂的取用

1) 要用清洁、干燥的药匙取试剂。药匙的两端为大小两个匙，分别用于取大量和少量固体。每种试剂应专用一个药匙。用过的药匙应洗干净，擦干后再用。

2) 不要超过指定用量取药。多取的试剂不能倒回原瓶，可放在指定的容器中或供他人使用。

3) 要求取一定质量的固体时，应把固体放在纸上称量。具有腐蚀性或易潮解的固体应放在表面皿上或玻璃器皿内称量。

4）往试管中加入粉末状固体试剂时，可用药匙或将取出的药品放在对折的纸片上，伸进试管的 2/3 处，然后将试管直立，使药品全部落到试管底部。加入块状固体时，要用洁净的镊子夹取，将试管倾斜，使固体沿试管壁慢慢滑下。

5）固体的颗粒较大时，可在洁净干燥的研钵中研碎。研钵中盛固体的量不要超过研钵容积的 1/3。

**6. 加热方法** 实验室常用的器皿有烧杯、烧瓶、蒸发皿、试管等。这些仪器能承受一定的温度，但不能骤冷骤热。因此在加热前，必须将器皿外面的水擦干，加热后不能立即与潮湿的物体接触。

（1）加热烧杯、烧瓶等玻璃仪器中的液体：当加热液体时，液体不能超过总容量的一半。

（2）加热试管中的液体：试管中的液体一般可直接放在火焰上加热。加热时应注意以下问题：①加热时，液体体积不能超过试管总容量的 1/3。②应该用试管夹夹住试管的中上部，不能用手拿着试管加热。③试管应稍微倾斜，管口向上。④应使液体各部分受热均匀。先加热液体的中上部，再慢慢下移，不要集中加热某一部分，否则将使局部受热而骤然产生蒸气，导致液体被冲出管外。⑤装有药品的试管口不能对着自己和别人，以免发生危险。

（3）加热试管中的固体：加热试管中的固体时必须使试管口稍微向下倾斜，以免试管口冷凝的水珠倒流到灼热试管底而使试管炸裂。先用火焰来回加热试管，然后固定在有固体物质的部位进行加热。

（4）水浴加热：当要求被加热物质受热均匀，而温度不超过 100℃ 时，可用水浴来加热。在用水浴加热试管中液体时，常用 250ml 的烧杯盛自来水，用火将水加热至沸腾而作为热浴。

## 四、实训用品

**1. 仪器** 量筒（10ml），烧杯（50ml），玻璃棒，托盘天平，试管，pH 试纸。

**2. 试剂** 锌粒，0.1mol/L 盐酸，pH 试纸，0.1mol/L 乙酸（HAc）溶液，0.1mol/L 氢氧化钠（NaOH）溶液。

## 五、实训步骤

（一）玻璃仪器的洗涤和干燥

1. 洗涤 1 支试管和 1 个烧杯。
2. 将洗涤干净的试管和烧杯干燥，然后交给老师检查评价。

（二）液体试剂、固体试剂的取用

1. 用水反复练习估量液体的方法，直到熟悉为止。
2. 取 1 粒锌粒置于干燥试管，加入 10～15 滴 0.1mol/L 盐酸，待反应完全后，用 pH 试纸测试其酸碱性。
3. 分别量取 2ml 乙酸溶液和 2ml 氢氧化钠溶液混合摇匀后，用 pH 试纸测试其酸碱性。
4. 用托盘天平称取 0.5g 铁粉放入试管中，加入 0.5ml 盐酸。

## 六、实训提示

在试管里进行某些试验时,所取试剂不需要准确用量,只要学会估计取用液体的量即可,估量1ml相当于多少滴。

## 七、实训思考

1. 玻璃仪器怎样才算洗涤干净?
2. 取用固体和液体药品时应该注意什么?
3. 用试管加热液体或固体时,应注意哪些问题?

## 八、实训评价

| 测试项目 | 指标分值 | 测评标准 | | | | 得分 |
| --- | --- | --- | --- | --- | --- | --- |
| | | 完全达到 | 基本达到 | 部分达到 | 少量达到 | |
| 洗涤 | 1 | 1. 洗涤方式选择正确<br>2. 洗涤程序正确<br>3. 洗涤干净 | | | | |
| 烘干 | 1 | 1. 烘干方式选择正确<br>2. 烘干效果好 | | | | |
| 量筒使用 | 1 | 1. 能正确使用量筒<br>2. 读数正确 | | | | |
| 滴管的使用 | 1 | 1. 能正确选用滴管<br>2. 能正确使用滴管 | | | | |
| 托盘天平的使用 | 2 | 1. 明确托盘天平的称量范围和准确度<br>2. 能正确使用托盘天平<br>3. 使用后能正确维护托盘天平 | | | | |
| 实验态度 | 2 | 1. 遵守实验、实训规章制度,遵守安全守则<br>2. 实验服保持清洁,认真操作,不高声谈笑 | | | | |
| 实验习惯 | 2 | 1. 台面整洁,仪器摆放有序,爱护仪器,节约试剂<br>2. 操作规范,有条不紊,实训报告书写标准<br>3. 实验结束,能做好收尾工作 | | | | |
| 总分 | | | | | | |

测试时间:    年   月   日                                      评价教师:

## 九、实训报告

实训名称：　　　　　　　实训日期：　　　　　　　实训成绩：

**1.** 实训记录：

**2.** 实训小结：

（黄晓林）

# 实训四　药用氯化钠的精制

## 一、实训目的

1. 掌握药用氯化钠的制备原理和方法。
2. 掌握称量、溶解、过滤、沉淀、抽滤、蒸发等基本操作。
3. 做到规范化操作，认真记录。

## 二、实训内容

①练习称量、溶解、过滤、沉淀、抽滤、蒸发等基本操作；②精制药用氯化钠。

## 三、实训原理

以市售食盐为原料，将其中所含 $Ca^{2+}$、$Mg^{2+}$、$K^+$、$SO_4^{2-}$ 及泥沙等杂质除去，即得合乎药用的氯化钠。因食盐是溶于水的，故在食盐水溶液中加入某一试剂与杂质生成沉淀而过滤除去粗食盐中含有的不溶性杂质(如泥沙等)和可溶性杂质(主要是 $Ca^{2+}$、$Mg^{2+}$、$K^+$ 和 $SO_4^{2-}$)。

不溶性杂质除去方法：可用溶解和过滤的方法除去。

可溶性杂质除去方法：在粗食盐溶液中加入稍过量的 $BaCl_2$ 溶液，即可将 $SO_4^{2-}$ 转化为难溶解的 $BaSO_4$ 沉淀而除去。

$$Ba^{2+} + SO_4^{2-} \longrightarrow BaSO_4 \downarrow$$

将溶液过滤，除去 $BaSO_4$ 沉淀。再加入 NaOH 和 $Na_2CO_3$ 溶液，由于发生下列反应：

$$Mg^{2+} + 2OH^- \longrightarrow Mg(OH)_2 \downarrow$$
$$Ca^{2+} + CO_3^{2-} \longrightarrow CaCO_3 \downarrow$$
$$Ba^{2+} + CO_3^{2-} \longrightarrow BaCO_3 \downarrow$$

食盐溶液中的杂质 $Ca^{2+}$、$Mg^{2+}$ 及沉淀 $SO_4^{2-}$ 所加入的过量的 $Ba^{2+}$ 便相应转化为难溶的 $Mg(OH)_2$、$CaCO_3$、$BaCO_3$ 沉淀而通过过滤的方法除去。

过量的 NaOH 和 $Na_2CO_3$ 可用纯盐酸中和除去。

对于其中少量的 $Br^-$、$I^-$、$K^+$，由于其含量少，溶解度大，在最后的浓缩、结晶中仍留在母液中而与 NaCl 分离。

## 四、实训用品

**1. 仪器**　托盘天平，烧杯，量筒，漏斗，蒸发皿，酒精灯，布氏漏斗，抽滤瓶。

**2. 试剂**　0.1mol/L $BaCl_2$ 溶液，2mol/L NaOH 溶液，0.1mol/L $Na_2CO_3$ 溶液，2mol/L 盐酸。

**3. 其他**　pH 试纸，粗食盐。

## 五、实训步骤

**1. 溶解**　用托盘天平称取粗盐 5g，置于 100ml 烧杯中，加水 20ml 加热搅拌使其溶解。

**2. 除 $SO_4^{2-}$**　将溶液加热至近沸，边搅拌边滴加 1mol/L $BaCl_2$ 溶液（1～1.5ml）至沉淀完全，继续加热煮沸数分钟，停止加热及搅拌，待沉淀沉降后，沿烧杯壁滴加数滴 $BaCl_2$ 溶液，检验 $SO_4^{2-}$ 是否沉淀完全。如有白色沉淀生成，则需补加 $BaCl_2$ 溶液至沉淀完全；如没有白色沉淀生成，即可过滤，保留滤液。

**3. 除重金属离子**　在滤液中，滴加 2mol/L NaOH 溶液约 0.5ml，边搅拌边滴加 0.1mol/L 的 $Na_2CO_3$ 溶液约 2ml，调 pH 为 9～10，加热煮沸数分钟，停止加热及搅拌，待沉淀沉降后，检查沉淀完全为止，过滤，保留滤液。

检查沉淀完全的方法：取溶液 1ml 过滤，在滤液中滴入沉淀剂 3～4 滴，如不显混浊，说明沉淀已完全。

**4. 除可溶性离子**　将滤液移至干净的蒸发皿，用滴管缓慢加入 2mol/L 盐酸，调节 pH 至 3～4，小火蒸发，不断搅拌下加热蒸发浓缩至糊状稠液，去火稍冷用布氏漏斗抽滤，尽量将 NaCl 晶体抽干，用 2～3ml 蒸馏水在布氏漏斗中洗晶体两次，抽干，置烘箱中 105℃ 烘干，或结晶放在蒸发皿中，在石棉网上用小火加热干燥，即为药用氯化钠。

**5. 称重**　把烘干了的产品进行称重，计算产率。

## 六、实训提示

注意在蒸发浓缩 NaCl 的过程中，火不能太大，不能蒸干了。

## 七、实训思考

1. 浓缩过程中，为什么不能把 NaCl 蒸干？
2. 在调 pH 过程中，若加入的盐酸过量怎么办？为何要调成弱酸性？

## 八、实训评价

| 测试项目 | 指标分值 | 测评标准 | | | | 得分 |
| --- | --- | --- | --- | --- | --- | --- |
| | | 完全达到 | 基本达到 | 部分达到 | 少量达到 | |
| 称量 | 2 | 1. 能调零<br>2. 能正确判断平衡<br>3. 掌握了正确加减砝码的方法<br>4. 称量准确且及时记录 | | | | |
| 过滤 | 2 | 1. 滤纸准备的大小合适<br>2. 过滤操作程序正确<br>3. 抽滤操作规范熟练 | | | | |
| 蒸发 | 2 | 1. 蒸发操作程序正确<br>2. 蒸发过程好 | | | | |
| 实验态度 | 2 | 1. 遵守实验、实训规章制度，遵守安全守则<br>2. 实验服保持清洁，认真操作，不高声谈笑 | | | | |
| 实验习惯 | 2 | 1. 台面整洁，仪器摆放有序，爱护仪器，节约试剂<br>2. 操作规范，有条不紊，实训报告书写标准<br>3. 实验结束，能做好收尾工作 | | | | |
| 总分 | | | | | | |

测试时间：　　年　　月　　日　　　　　　　　评价教师：

## 九、实训报告

实训名称：　　　　　　实训日期：　　　　　　实训成绩：

**1. 实训工艺流程：**

**2. 实训记录：**

| 原料 | 产品外观 | 产品质量(g) | 产率 |
| --- | --- | --- | --- |

**3. 实训小结：**

（黄晓林）

# 实训五　熔点的测定

## 一、实训目的

1. 理解熔点测定的原理。
2. 正确地选用和组装仪器。
3. 掌握测定有机物熔点的操作。

## 二、实训内容

①正确地选用和组装仪器；②测定有机物熔点。

## 三、实训原理

在一定大气压下，物质的固态和液态建立平衡时的温度称为该物质的熔点。纯净的化合物都有固定的熔点，从开始熔化至完全熔化的温度一般不超过 0.5～1℃，这个温度范围称为熔程。若该物质含少量杂质，则熔点下降，且熔程增大，所以测定熔点可以判断固体化合物的纯度。

测定熔点时，传温液的选择要适当。一般样品熔点在 220℃以下的，可选用浓硫酸作为传温液，熔点为 200℃以下的样品可选用液体石蜡或甘油作为传温液，本实训用甘油作为传温液。

影响熔点测定准确性的因素有很多，如温度计的误差、读数的准确性、传温液的选择、毛细管的质量、样品的干燥程度、样品的填装、加热的速度等，因此在进行本次实训时，对这些因素都要加以注意。

## 四、实训用品

**1. 仪器**　熔点测定管，200℃温度计，铁架台，熔点管，酒精灯，烧瓶夹，直角夹，铁圈，玻璃管(内径 10mm 左右，长 50cm)，表面皿。

**2. 药品** 尿素，甘油。

## 五、实训步骤

**1. 熔点管和样品的准备** 取内径 1mm、长 7cm 的毛细管，把它的一端熔封。熔封时将毛细管呈 45°角放在小火的边沿处一边转动，一边加热。封口必须严密而底薄。样品在填装前要烘干、在表面皿中研细，然后将样品装入封好的毛细管，要求填实，高度为 2~3mm。

**2. 熔点的测定** 首先按图 2-5-1 所示安装熔点测定装置。根据酒精灯的高度确定熔点测定管的高度，将熔点测定管用烧瓶夹夹在管颈的上部，固定在铁架台上的直角夹上。温度计悬挂于铁圈上，水银球位于测定管的两侧管之间，传热液加到刚能盖住测定管的上侧管口，装有样品的毛细管用橡皮圈附着在温度计下端，样品部分位于温度计水银球侧面中部，装置完毕，用酒精灯在熔点测定管的侧管末端缓缓加热。加热速度要适当，开始的时候温度每分钟上升 5~6℃，加热到距熔点 10~15℃时改为小火，控制每分钟升温 1~2℃。

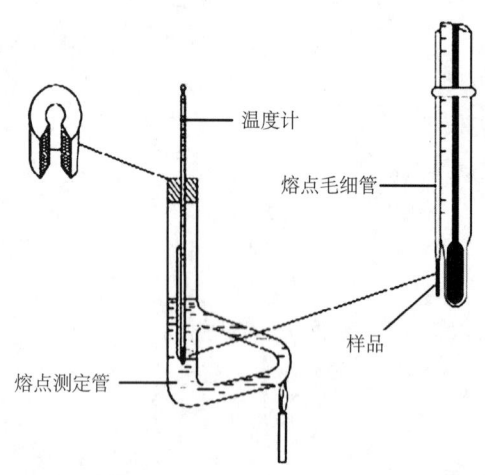

图 2-5-1 熔点的测定装置

**3. 熔点的判断** 在加热的同时仔细观察温度计所示的温度变化与样品的变化。当毛细管内样品性状开始改变，或出现小液体时，记下此时的温度(始熔)，再记下完全透明(全熔)时的温度。始熔到全熔的温度即为熔点，两点之差称为熔程，亦称为熔点距。

**4. 测定完毕** 待传温液冷却后，方可将它倒回原瓶中。温度计放冷后，用废纸擦去传温液，才能用水冲洗，否则温度计容易炸裂。

## 六、实训提示

本实训测定尿素的熔点，要测定两次，所以应准备两根毛细管。进行第二次测定时，须将传温液的温度降低到熔点以下约 30℃，才能进行第二次测定。

本次实训要控制好升温的速度，特别是在观察晶体开始熔化的时候和全熔的时候的变化，减少读数误差。

## 七、实训思考

1. 固体纯净物和混合物在熔点数据上有何不同？
2. 杂质混入样品后，熔点为什么会降低？

## 八、实训评价

| 测试项目 | 指标分值 | 测评标准 | | | | 得分 |
|---|---|---|---|---|---|---|
| | | 完全达到 | 基本达到 | 部分达到 | 少量达到 | |
| 毛细管的准备 | 3 | 1. 毛细管的熔封效果好<br>2. 样品干燥、研细、填实、高度适当（2～3mm）<br>3. 毛细管在温度计的位置适当 | | | | |
| 熔点测定装置的安装 | 3 | 1. 安装顺序正确<br>2. 传温液的量适当<br>3. 酒精灯火焰高度、加热的部位正确 | | | | |
| 实验态度 | 2 | 1. 遵守实验、实训规章制度，遵守安全守则<br>2. 实验服保持清洁，认真操作，不高声谈笑 | | | | |
| 实验习惯 | 2 | 1. 台面整洁，仪器摆放有序，爱护仪器，节约试剂<br>2. 操作规范，有条不紊，实训报告书写标准<br>3. 实验结束，能做好收尾工作 | | | | |
| 总分 | | | | | | |

测试时间：　　年　月　日　　　　　　　　　评价教师：

## 九、实训报告

实训名称：　　　　　　实训日期：　　　　　　实训成绩：

**1. 绘出装置图：**

**2. 实训记录：**

| | 1 | 2 |
|---|---|---|
| 始熔（℃） | | |
| 全熔（℃） | | |
| 熔程（℃） | | |

**3. 实训小结：**

（黄晓林）

## 实训六  常压蒸馏和沸点的测定

### 一、实训目的

1. 了解常压蒸馏及沸点的测定原理和应用范围。
2. 能正确地选用和组装仪器。
3. 掌握蒸馏操作及沸点测定方法。

### 二、实训内容

①常压蒸馏装置的安装；②蒸馏和纯化乙酸乙酯；③测定乙酸乙酯的沸点。

### 三、实训原理

将液体加热，它的饱和蒸气压随温度升高而增大，当其饱和蒸气压与外界压力或给定的压力相等时，即 $p_{蒸} = p_{外}$ 时，液体沸腾，此时的温度即为该液体的沸点。

将液体加热至沸腾，使液体气化，然后将蒸气冷凝为液体，收集到另一容器中，这两种过程的联合操作称为蒸馏。在常压（一般为 101.33kPa）下进行的蒸馏为常压蒸馏。馏液开始滴出到液体几乎全部蒸出时的温度范围称为沸程。纯液体有机物在一定压力下具有一定的沸点，沸程很短，一般为 0.5～1℃。

通过蒸馏可将易挥发的物质和不易挥发的物质分开，也可以使沸点相差大于 30℃ 的液体混合物达到较好的分离效果。所以蒸馏可以精制液体物质，也可以测定液体的沸点，还可以鉴别是否为纯液体有机化合物（不能用常压蒸馏的方法分离共沸混合物，因为有些组分以一定比例混合后可组成具有固定沸点的混合物）。

### 四、实训用品

**1. 仪器**  50ml 圆底烧瓶，蒸馏头，25cm 直形冷凝管，100℃ 温度计，温度计套管，接液管，250ml 烧杯，50ml 锥形瓶，量筒，长颈漏斗，橡皮管，铁架台，石棉网，沸石，酒精灯等。

**2. 试剂**  乙酸乙酯。

## 五、实训步骤

**1. 蒸馏仪器的安装** 一般安装仪器的原则是自下而上、从左到右顺序连接。依次安装加热装置、圆底烧瓶、蒸馏头、冷凝管、接引管、接收瓶等,最后装入温度计(图2-6-1)。整套装置要求做到:"正看一个面,侧看一条线"。具体操作如下:

(1)根据酒精灯热源高度固定铁架台上铁圈的位置,其高度以加热时酒精灯外焰能燃及石棉网为宜。

(2)将圆底蒸馏烧瓶用铁夹固定在垫有石棉网的铁圈上,瓶底距石棉网 1~2mm。将温度计插入蒸馏头中央,并使得水银球的上缘恰好与蒸馏头支管的下缘在同一水平线上。

(3)调整冷凝管的位置和角度,使之与蒸馏头支管同轴,并沿着此轴线方向将冷凝管和蒸馏头紧密连接。

(4)安装接引管和接收瓶,整个装置中的各部分(除接引管与接收瓶之间外)都应装配紧密,防止有蒸气漏出而造成产品损失或其他危险。

**2. 加料** 在蒸馏头上口放一个长颈漏斗,注意长颈漏斗下口处的斜面应超过蒸馏头支管,将待蒸馏的 30ml 乙酸乙酯通过长颈漏斗小心倒入 50ml 圆底烧瓶中,加入 2~3 粒沸石,塞好带温度计的塞子,注意温度计的位置。再检查一次装置是否稳妥与严密。

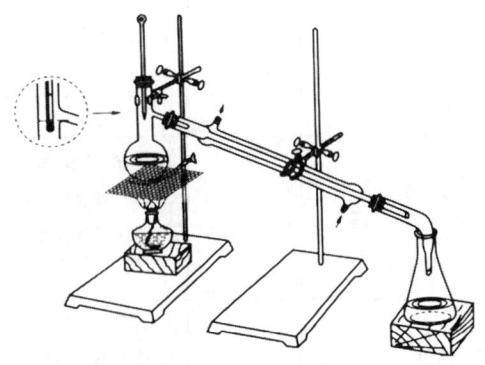

图2-6-1 常压蒸馏装置

**3. 加热及观察沸点** 先打开冷凝水龙头,缓缓通入冷水,然后开始加热。注意冷水自下而上,蒸气自上而下。当液体沸腾,蒸气到达水银球部位时,温度计读数急剧上升,此时应调节热源,让水银球部位液滴和蒸气达到平衡,并使蒸馏速度以每秒蒸出 1~2 滴为宜。此时温度计读数就是馏出液的沸点。

**4. 收集馏分** 进行蒸馏前至少要准备两个接收瓶。因为在需要的物质蒸出之前,常有沸点较低的物质先蒸出,称为"前馏分"。用一个接收瓶接收前馏分,当前馏分蒸完,温度趋于稳定,蒸出的即为较纯的物质,此时应更换接收瓶,记下开始馏出时和最后一滴时的温度读数,即为该馏分的沸程。收集馏分的沸点范围越窄,则馏分的纯度就越高。

**5. 拆除蒸馏装置** 若温度计的温度突然改变,这时就应停止蒸馏。

蒸馏完毕,先停止加热,然后停止通冷凝水,再按安装仪器的相反顺序拆除仪器。拆除仪器的程序和安装的程序相反:即先拆除接收器、冷凝管,然后再拆热源、蒸馏器及其他仪器,并加以清洗。

## 六、实训思考

1. 蒸馏开始时，为什么先通冷凝水，再加热？
2. 用常压蒸馏法测定沸点时，温度计水银球的位置不恰当，对测定结果有什么影响，为什么？

## 七、实训评价

| 测试项目 | 指标分值 | 测评标准 | | | | 得分 |
| --- | --- | --- | --- | --- | --- | --- |
| | | 完全达到 | 基本达到 | 部分达到 | 少量达到 | |
| 蒸馏装置的安装与拆除 | 3 | 1. 温度计的选择和安装位置<br>2. 冷凝水的进出口<br>3. 是否加沸石<br>4. 装置安装<br>5. 装置拆除 | | | | |
| | | | | | | |
| 温度控制与读取 | 3 | 1. 酒精灯的位置<br>2. 加热速度的控制<br>3. 温度计的读数 | | | | |
| | | | | | | |
| 实验态度 | 2 | 1. 遵守实验、实训规章制度，遵守安全守则<br>2. 实验服保持清洁，认真操作，不高声谈笑 | | | | |
| | | | | | | |
| 实验习惯 | 2 | 1. 台面整洁，仪器摆放有序，爱护仪器，节约试剂<br>2. 操作规范，有条不紊，实训报告书写标准<br>3. 实验结束，能做好收尾工作 | | | | |
| | | | | | | |
| 总分 | | | | | | |

测试时间：　　　年　　月　　日　　　　　　　　评价教师：

## 八、实训报告

实训名称：　　　　　　　实训日期：　　　　　　　实训成绩：

**1. 绘出装置图：**

2. 实训记录：

| 样品名称 温度(℃) | 温度恒定时的读数 | 温度突然改变时的读数 |
|---|---|---|
|  |  |  |

3. 实训小结：

（蒋　文）

# 实训七　简　单　分　馏

## 一、实训目的

1. 了解简单分馏的意义。
2. 熟悉简单分馏的原理、应用和范围。
3. 掌握简单分馏装置的安装与操作。

## 二、实训内容

①简单分馏装置的安装；②用简单分馏装置分馏体积分数为60%的乙醇溶液100ml。

## 三、实训原理

对沸点相差不大的液体混合物用普通蒸馏法进行分离效果不好，为此采用分馏法可将它们分离。分馏的原理与蒸馏相似，不同之处在于装置中多了一个分馏柱，从而使气化、冷凝的过程由一次变为多次。当沸腾的混合物蒸气进入分馏柱后，沸点较高的组分易被空气冷凝为液体，冷凝液中有较多的高沸点组分，而未被冷凝的蒸气中含有较多的低沸点组分。冷凝液流下与上升的蒸气接触，两者进行热量交换，结果上升的蒸气中所含高沸点组分被流下的较冷的液体所冷凝，而低沸点组分仍呈蒸气上升。与此同时，在流下的冷凝液体中，低沸点组分则被上升的较热蒸气所气化，而高沸点组分仍呈液体。由于液相与气相在分馏柱中反复进行热交换，低沸点组分不断上升，进入冷凝管中，冷凝为液体而馏出，高沸点组分则不断流回到加热的容器中，从而使沸点不同的组分得到分离。

## 四、实训用品

1. **仪器**　250ml 圆底烧瓶，15cm 刺形分馏柱，100℃温度计，25cm 直形冷凝管，接液管，250ml 锥形瓶，水浴锅，酒精密度计，沸石。

**2. 试剂**  $\varphi_B = 0.60$ 的乙醇溶液。

## 五、实训步骤

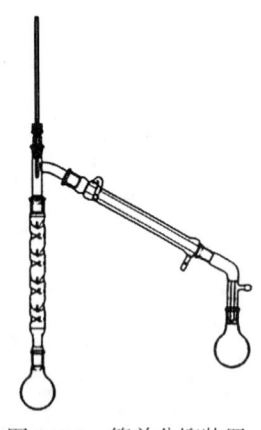

图 2-7-1　简单分馏装置

**1. 分馏仪器的安装**　分馏装置主要由圆底烧瓶、分馏柱、冷凝管及接收器四部分组成(图 2-7-1)。按图所示安装分馏装置，整套装置要求做到："正看一个面，侧看一条线"。

**2. 加料**　取稀乙醇溶液 100ml，先用酒精密度计测定并记录数据，然后通过漏斗或沿圆底烧瓶颈部加入，加入 2～3 粒沸石，装上刺形分馏柱，分馏柱上插一温度计，分馏柱的支管与冷凝管连接。

**3. 加热**　先打开冷凝水龙头，缓缓通入冷水，然后开始加热。注意冷水自下而上，蒸气自上而下。应用石棉网加热圆底烧瓶，可以看到蒸气慢慢升入分馏柱，蒸气到达水银球部位时，温度计读数急剧上升，此时应调节热源，让水银球部位液滴和蒸气达到平衡。蒸馏速度宜缓慢均匀，控制在每 2～3 秒一滴。

**4. 收集馏液**　准备两个接收器，一个用来收集 80℃以下的低沸点馏分，将这部分弃掉。分馏柱上的温度计所示大约为 80℃时蒸出的是浓度较分馏前高的乙醇。将收集的馏液再用酒精密度计测定并记录数据(几组合测)。

**5. 拆除分馏装置**　分馏完毕，先停止加热，然后停止通冷凝水，再按安装仪器的相反顺序拆除仪器，并加以清洗。

## 六、实训思考

1. 分馏与蒸馏在原理上有何异同？
2. 分馏柱上端温度计的水银球应在什么位置？

## 七、实训评价

| 测试项目 | 指标分值 | 测评标准 | | | | 得分 |
|---|---|---|---|---|---|---|
| | | 完全达到 | 基本达到 | 部分达到 | 少量达到 | |
| 分馏装置的安装与拆除 | 3 | 1. 温度计的选择和安装位置<br>2. 冷凝水的进出口<br>3. 是否加沸石<br>4. 装置安装<br>5. 装置拆除 | | | | |
| | | | | | | |

续表

| 测试项目 | 指标分值 | 测评标准 | | | | 得分 |
|---|---|---|---|---|---|---|
| | | 完全达到 | 基本达到 | 部分达到 | 少量达到 | |
| 温度控制与读取 | 3 | 1. 酒精灯的位置<br>2. 加热速度的控制<br>3. 温度计的读数 | | | | |
| | | | | | | |
| 实验态度 | 2 | 1. 遵守实验、实训规章制度，遵守安全守则<br>2. 实验服保持清洁，认真操作，不高声谈笑 | | | | |
| | | | | | | |
| 实验习惯 | 2 | 1. 台面整洁，仪器摆放有序，爱护仪器，节约试剂<br>2. 操作规范，有条不紊，实训报告书写标准<br>3. 实验结束，能做好收尾工作 | | | | |
| | | | | | | |
| 总分 | | | | | | |

测试时间： 　　年　　月　　日 　　　　　　　　　　评价教师：

# 八、实训报告

实训名称： 　　　　　　　实训日期： 　　　　　　　实训成绩：

**1.** 绘出装置图：

**2.** 实训记录：

| 样品＼浓度 | 分馏前乙醇的浓度 | 分馏后乙醇的浓度 |
|---|---|---|
| | | |

**3.** 实训小结：

（蒋　文）

## 实训八　水蒸气蒸馏

### 一、实训目的

1. 了解水蒸气蒸馏的意义。
2. 熟悉水蒸气蒸馏的原理、应用和范围。
3. 掌握水蒸气蒸馏装置的安装与操作。

### 二、实训内容

①水蒸气蒸馏装置的安装；②用水蒸气蒸馏方法，分离松节油和水的混合液体。

### 三、实训原理

常压蒸馏和简单分馏技术适用于分离完全互溶的液体混合物，而分离完全不互溶物系，水蒸气蒸馏是一种较简单的方法。

水蒸气蒸馏是将水蒸气通入不溶或难溶于水但有一定挥发性的有机物质中，使该有机物在低于 100℃的温度下，随着水蒸气一起蒸馏出来。水蒸气蒸馏常用于下列几种情况：①在常压蒸馏会发生分解的高沸点有机物质；②混合物中含有大量树脂状杂质或不挥发性杂质，采用蒸馏、萃取等方法都难于分离；③从较多固体反应物中分离出被吸附的液体。因此水蒸气蒸馏是分离提纯液体或固体有机物常用的方法。

当水与其不相混溶的有机化合物共热时，根据道尔顿分压定律整个体系的蒸气压应为各组分蒸气压之和，即

$$p = p_{H_2O} + p_A$$

式中，$p$ 为总蒸气压，$p_{H_2O}$ 为水的蒸气压，$p_A$ 为与水不相混溶有机物或难溶物质的蒸气压。

当 $p$ 等于 101.33 kPa 时的温度，即为水与该有机物所组成的混合物的沸点，而这个沸点必定低于水和该有机物各自的沸点。所以水蒸气蒸馏能在常压、低于 100℃ 的温度下将高沸点的组分与水一起蒸出，除去水分，即得高沸点的有机物。

### 四、实训用品

**1. 仪器**　500ml 圆底烧瓶，直径 5mm、长 40～50cm 玻璃管，125ml 长颈圆底烧瓶，双孔胶塞(附 120°角蒸气导入管；30°角蒸气导出管)，T 形管，弹簧(螺旋)夹，胶管，直形冷凝管，接液管，250ml 锥形瓶，125ml 分液漏斗，10ml 量筒。

**2. 试剂**　松节油。

## 五、实训步骤

**1. 水蒸气蒸馏装置的安装** 水蒸气蒸馏装置如图 2-8-1 所示，主要由水蒸气发生器、长颈圆底烧瓶、冷凝管、蒸气导管及安全管组成。

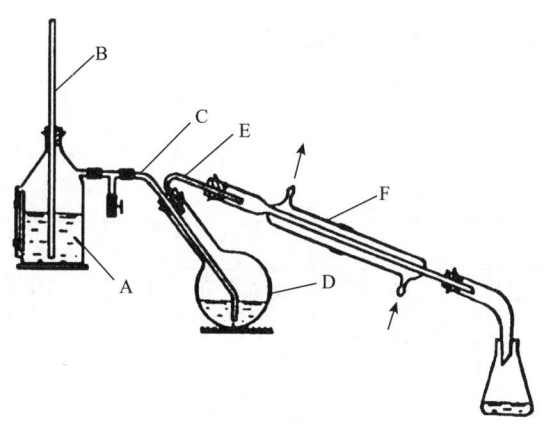

图 2-8-1 水蒸气蒸馏装置

A. 水蒸气发生器；B. 安全管；C. 蒸气导入管；D. 长颈圆底烧瓶；E. 蒸气导出管；F. 冷凝管

水蒸气发生器一般用金属制成，也可用短颈(长颈)圆底烧瓶代替。瓶口配一双孔软木塞，一孔插入长 40～50cm，直径约 5mm 的玻璃管作为安全管，另一孔插入内径约 8mm 的水蒸气导出管。

将长颈圆底烧瓶倾斜约 30°放在铁架台上，蒸气导管插入长颈圆底烧瓶上双孔软木塞的一个孔，导管上口用橡胶管通过 T 形管连接在水蒸气发生器的出口，T 形管接上调节蒸气的调节夹。长颈圆底烧瓶上双孔软木塞的另一个孔插入 30°角的蒸气导出管，再连接好冷凝管及接收装置。整个装置要严密，防止蒸气冒出。蒸馏时水蒸气发生器和长颈圆底烧瓶都需加热，安装的高度要合适。水蒸气导入管要小心插至近蒸馏瓶底处，这样才能使水蒸气与待蒸馏液体充分接触。另外蒸气导管和 T 形管与发生器的连接要保持平行，距离越短越好，使蒸气不易冷凝。

**2. 加料** 在水蒸气发生器中，加入约占容器 3/4 的水，并加入几粒沸石。在蒸馏瓶中加入 10ml 松节油和少量水作为待蒸馏的液体。

**3. 加热蒸馏** 先打开 T 形管处的螺旋夹，加热水蒸气发生器至水沸腾，当有大量水蒸气产生，从 T 形管支管冲出时，立即旋紧螺旋夹，水蒸气进入蒸馏部分，开始蒸馏。在蒸馏需要中断时或蒸馏完毕后，一定要先打开螺旋夹，与大气相通，然后方可停止加热，否则，蒸馏部分的液体会倒吸到水蒸气发生器中。为防止蒸气进入长颈圆底烧瓶被大量地冷凝，长颈圆底烧瓶需用小火加热，当长颈圆底烧瓶中的液体充分翻腾时将长颈圆底烧瓶下的火源去掉。注意观察蒸馏的情况，适当调节火源及调节夹，使蒸馏在平稳的情况下。蒸馏接近完成时可用干净的表面皿放入少量清水，再接几滴馏出液，如果没有油状物且溶液澄清透明时可停止加热，打开调节夹，断开气源。

**4. 收集馏液** 将馏出物转移到分液漏斗中，静置，待完全分层后，再行分离，量出蒸馏物的体积，计算回收率。

**5. 拆除分馏装置**　蒸馏完毕，先停止加热，然后停止通冷凝水，再按安装仪器的相反顺序拆除仪器，并加以清洗。

## 六、实训思考

1. 水蒸气发生器中的安全管和T形管的作用是什么？
2. 停止水蒸气蒸馏的操作顺序是什么？为什么？

## 七、实训评价

| 测试项目 | 指标分值 | 测评标准 | | | | 得分 |
| --- | --- | --- | --- | --- | --- | --- |
| | | 完全达到 | 基本达到 | 部分达到 | 少量达到 | |
| 装置的安装与拆除 | 3 | 1. 冷凝水的进出口<br>2. 是否加沸石<br>3. 装置安装<br>4. 装置拆除 | | | | |
| 操作过程 | 3 | 1. T形管的使用<br>2. 停止操作的顺序<br>3. 分液漏斗的使用 | | | | |
| 实验态度 | 2 | 1. 遵守实验、实训规章制度，遵守安全守则<br>2. 实验服保持清洁，认真操作，不高声谈笑 | | | | |
| 实验习惯 | 2 | 1. 台面整洁，仪器摆放有序，爱护仪器，节约试剂<br>2. 操作规范，有条不紊，实训报告书写标准<br>3. 实验结束，能做好收尾工作 | | | | |
| 总分 | | | | | | |

测试时间：　　年　月　日　　　　　　　　　评价教师：

## 八、实训报告

实训名称：　　　　　　实训日期：　　　　　　实训成绩：

**1.** 绘出装置图：

**2. 实训记录:**

| 样品名称 | 提取前样品液的外观 | 提取后样品液的外观 |
| --- | --- | --- |
| | | |

**3. 实训小结:**

(蒋　文)

# 实训九　电子天平的使用及固体物质的称量方法

## 一、实训目的

1. 熟悉电子天平的称量原理、电子天平控制板按键的功能。
2. 掌握直接称量法、递减称量法和固定质量称量法的操作方法。
3. 掌握电子天平的使用方法(清扫、水平调节、预热、调零)。

## 二、实训内容

①认识电子天平的结构及使用步骤;②称量练习(直接称量法、增量法及减量法)。

## 三、实训原理

电子天平可以准确地测量物体的质量,根据电磁力与被测物体重力相平衡的原理实现直接称量,当称盘上加上或除去被称物时,天平则产生不平衡状态,此时可以通过传感器检测到其电流变化,以数字方式显示出被测物体质量。称量时不需要砝码,将称量物放在天平盘上,几秒钟内即可达到平衡,显示读数,称量速度快,精确度高。此外,电子天平还具有自动校正、自动去皮、超载指示、故障报警等功能,可与打印机、计算机联用,统计称量的最大值、最小值、平均值及标准偏差等。

电子天平种类很多,如 FA 系列、JA 系列等,按结构不同可分为上皿式(天平盘在支架上面)和下皿式(天平盘吊挂在支架下面),目前应用较多的是上皿式电子天平。虽然电子天平的种类繁多,但是其使用方法大同小异(具体操作可参照仪器使用说明书)(图 2-9-1)。

用电子天平进行称量,快捷是其主要特点。下面介绍几种最常用的称量方法。

**1. 直接称量法**　此法是将称量物轻放在天平盘上直接称量物体的质量。例如,称量小烧杯的质量,重量分析实验中称量某坩埚的质量等,都使用这种称量法。

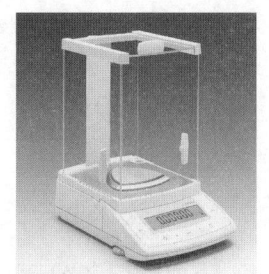

图 2-9-1　电子分析天平

**2. 增量法**(固定质量称量法)　用于称量某一固定质量的试样(如基准物质)。这种称量操作的速度很慢,适于称量不易吸潮、在空气中能稳定存在的粉末状或小颗粒(最小颗粒应小于 0.1mg,以便容易调节其质量)样品。

将干燥的小容器轻放在天平称量盘上,待显示平衡后按"O/T"键扣除皮重并显示零点,然后打开天平门往容器中缓慢加入试样并观察屏幕,当达到所需质量时停止加样,关上天平门,显示平衡后屏上的数字即为所称取试样的净重。固定质量称量法若不慎加入的试剂超过指定质量,可以用牛角匙取出多余试剂。重复上述操作,直至试样质量符合指定要求为止。严格要求时,取出的多余试样应弃去,不要放回原试剂瓶中。操作时不能将试样散落于天平盘等容器以外的地方,称好的试样必须定量地转入接收容器,此即所谓"定量转移"。

**3. 减量法**(递减称量法)　用于称量一定质量范围的试样。在称量过程中样品易吸水、易氧化、易与 $CO_2$ 等物质反应或当用不干燥的容器称取样品时,不能用增量法,可选择减量法。

减量法称量步骤:从干燥器中用纸带(或纸片)夹住称量瓶后取出称量瓶(注意:不要让手指直接触及称量瓶和瓶盖),用纸片夹住称量瓶盖柄,打开瓶盖,用牛角匙加入适量试样(一般为一份试样量的整数倍),盖上瓶盖,轻放在称量盘上,显示稳定后,按一下"O/T"键使显示为零,将称量瓶从天平上取出,在接收容器的上方倾斜瓶身,用称量瓶盖轻敲瓶口上部使试样慢慢落入容器中,瓶盖始终不要离开接收器上方。当倾出的试样接近所需量(可从体积上估计或试重得知)时,一边继续用瓶盖轻敲瓶口,一边逐渐将瓶身竖直,使黏附在瓶口上的试样落回称量瓶,然后盖好瓶盖,再将称量瓶放在天平上称量,如果所示质量达到要求范围,即可记录称量结果。若需连续称取第二份试样,则再按一下"O/T"键,显示为零后向第二个容器中转移试样,其步骤与第一个容器的试样称量方法相同(图 2-9-2,图 2-9-3)。

图 2-9-2　称量瓶的拿法

图 2-9-3　减量法的倾样方法

## 四、实训用品

**1. 仪器**　电子天平,干燥器,称量瓶,纸带,烧杯,药匙,锥形瓶。
**2. 药品**　无水碳酸钠,邻苯二甲酸氢钾。

## 五、实训步骤

(一)认识电子天平的结构及使用步骤

下面以岛津 AUX220 电子天平为例,简要介绍电子天平的结构和使用步骤。

电子天平的控制板上有多个按键,一般情况下,只用"开/关"键(POWER 键)、"去皮/调零"键(O/T 键)和"校准/调整"键(CAL 键),使用时操作步骤如下所述。

**1. 预热**　接通电源,预热至规定时间。

**2. 水平调节**　检查水平仪,如不水平,应调整水平调节螺丝,使水泡位于水平仪中心。

**3. 开启显示屏**　轻按 POWER 键,约 2 秒后,显示屏显示天平的型号,然后是称量模式 0.0000 g。

**4. 校准**　天平安装后,经过校准后才能使用(若天平存放时间较长、位置移动、环境变化时,在使用前也应进行校准)。岛津 AUX220 电子天平具有内校准功能,轻按 CAL 键进行仪器校准。

**5. 直接称量**　按 O/T 键,显示屏显示 0.0000g 后,将称量物置于天平盘上,待数字稳定后,即可读数,记录称量物的质量。

**6. 称量完毕**　取下被称物,如果不久后还要继续使用天平,可暂不按 POWER 键,天平将自动保持零位,或者按一下 POWER 键(但不可拔下电源插头),让天平处于待命状态,即显示屏上数字消失,左下角出现一个"0",再称样时按一下 POWER 键就可使用。如果较长时间(半天以上)不再用天平,应拔下电源插头,盖上防尘罩。

**7. 记录及整理**　在天平的使用记录本上记下称量操作的时间和天平状态,并签名,整理好台面之后方可离开。

(二)称量练习

**1. 直接称量法**　称出一个空烧杯的质量。
**2. 固定质量称量法**　称取 0.1058g 无水碳酸钠两份。
**3. 递减称量法**　称量 0.30～0.40g 的邻苯二甲酸氢钾三份。

## 六、实训思考

三种称量方法各有什么特点?哪一种最快?哪种最慢?分别适用于哪类物质的称量?

## 七、实训评价

| 测试项目 | 指标分值 | 测评标准 | | | | 得分 |
|---|---|---|---|---|---|---|
| | | 完全达到 | 基本达到 | 部分达到 | 少量达到 | |
| 认识电子天平 | 1 | 1. 电子天平各部件的名称和作用<br>2. 电子天平的使用和保管规则 | | | | |
| 直接称量法 | 1 | 1. 直接称量法的特点<br>2. 电子天平的使用步骤 | | | | |
| 增量法 | 2 | 1. 固定质量称量法的特点<br>2. 固定质量称量的方法 | | | | |

续表

| 测试项目 | 指标分值 | 测评标准 | | | | 得分 |
|---|---|---|---|---|---|---|
| | | 完全达到 | 基本达到 | 部分达到 | 少量达到 | |
| 减量法 | 2 | 1. 递减称量法的特点<br>2. 递减称取物质质量的方法 | | | | |
| 实验态度 | 2 | 1. 遵守实验、实训规章制度，遵守安全守则<br>2. 实验服保持清洁，认真操作，不高声谈笑 | | | | |
| 实验习惯 | 2 | 1. 台面整洁，仪器摆放有序，爱护仪器，节约试剂<br>2. 操作规范，有条不紊，实训报告书写标准<br>3. 实验结束，能做好收尾工作 | | | | |
| 总分 | | | | | | |

测试时间：　　年　　月　　日　　　　　　　　　评价教师：

## 八、实训报告

**实训名称：**　　　　　　　　**实训日期：**　　　　　　　　**实训成绩：**

**1. 实训记录：**

(1) 直接称量法　　　$m$(空烧杯)：

(2) 固定质量称量法　$m(Na_2CO_3)$：

(3) 减重法

| 测定份数 | 1 | 2 | 3 |
|---|---|---|---|
| 邻苯二甲酸氢钾的质量 $W(g)$　　　$m$ | | | |

**2. 实训小结：**

（陈先玉）

# 实训十　容量瓶、移液管的使用及溶液的配制

## 一、实训目的

1. 掌握台秤、量筒或量杯的使用方法。

2. 练习容量瓶、吸液管和移液管的正确使用方法。
3. 掌握溶液配制和稀释的原理、方法、步骤。

## 二、实训内容

①练习容量瓶、吸液管和移液管的规范操作；②溶液的配制和稀释。

## 三、实训原理

**1. 溶液配制原理** 溶液的配制一般是把固体试剂溶于水（或其他溶剂）配制成溶液或把液态试剂（或浓溶液）加水稀释为所需的稀溶液。化学实验中的溶液有两类，一类是用来测定物质含量的具有准确浓度的溶液，即标准溶液；另一类用来控制化学反应条件，在样品处理、分离、掩蔽等操作中使用，其浓度不必准确到四位有效数字，这类溶液称为一般溶液，也称为辅助溶液。无论是标准溶液还是一般溶液的配制，首先要计算所需试剂的用量，再称取固体试剂的质量或量取液体试剂的体积，然后将一定量的溶质与适量的溶剂先混合，使溶质完全溶解，再定量转移到量筒或容量瓶中，再加溶剂到溶液总体积，最后用玻璃棒搅拌均匀。

**2. 托盘天平的使用** 托盘天平常用于精确度不高的称量，一般能称准到 0.1g。使用步骤如下所述。

（1）调零点：称量前，先将游码拨到游码标尺的"0"位处，检查天平的指针是否停在刻度盘的中间位置，若不在中间位置，可调节天平托盘下侧的螺旋钮，使指针指到零点。

（2）称量：称量时，左托盘放被称物，右托盘放砝码。药品不能直接放在托盘上，可放在称量纸或表面皿上。加砝码时，应先加质量大的后加质量小的，10g 或 5g 以下可移动游码。当添加砝码到天平的指针停在刻度盘的中间位置时，记录所加砝码和游码的质量。

（3）称量完毕，应将砝码放回砝码盒中，游码移至刻度"0"处，天平的两个托盘重叠后，放在天平的一侧，使天平休止，以保护天平的刀口。

**3. 量筒的使用** 粗略量取一定体积的液体时可用量筒。读取筒内液体体积的数据时，量筒必须放平稳，且使视线与量筒内液体的凹液面最低处保持在一个水平，如图 2-10-1 所示。倾注完毕，可轻触容器壁使残留液滴流入容器。

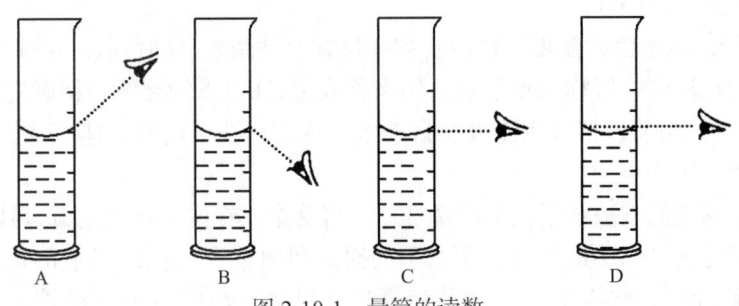

图 2-10-1 量筒的读数

A. 俯视，读数偏高；B. 仰视，读数偏低；C. 平视液体凹液面最低处，读数正确；D. 平视读数错误

**4. 容量瓶的使用** 容量瓶主要用来配制标准溶液或稀释溶液到一定体积。在一定温度下，当溶液充满至标线时，容量瓶所容纳的液体体积等于瓶上标示的体积。

(1)检漏和洗涤：使用前首先必须检查是否漏水，方法是在瓶中加水至标线附近，盖好瓶塞，左手持瓶颈，并用食指按住塞子，右手持瓶底边缘，把瓶子倒立片刻，观察瓶塞周围是否渗水，若不渗水，即合格可用，再将容量瓶与瓶塞用绳或橡胶套拴牢，配套使用。

容量瓶的洗涤可用自来水润洗数次，如内壁仍挂水珠，再用铬酸洗液浸润整个内壁并放置一段时间，然后将洗液倒回原瓶，用自来水充分冲洗瓶塞和容量瓶，最后用蒸馏水润洗3次(每次用蒸馏水10ml左右)。

(2)容量瓶的操作方法：如欲将固体物质准确配成一定体积的溶液，需先把已准确称量的固体试剂置于小烧杯中溶解，然后用玻璃棒引流，将其定量转移到预先洗净的容量瓶中。转移时，右手拿玻璃棒，左手握烧杯，在容量瓶口上方慢慢将玻璃棒从烧杯中取出，并将它插入容量瓶瓶口(注意：不得与瓶口接触)，再让烧杯嘴贴紧玻璃棒，慢慢倾斜烧杯，使溶液沿玻璃棒流下，如图2-10-2所示，当溶液流完后，再将烧杯沿玻璃棒轻轻上提，同时将烧杯直立，使附在玻璃棒和烧杯嘴之间的液滴回到烧杯中，再将玻璃棒末端残留的液滴靠入瓶口内。在瓶口上方将玻璃棒放回烧杯中，但不得放在靠烧杯嘴的一边，再用洗瓶以少量蒸馏水冲洗烧杯内壁3~4次，洗液一并转移到容量瓶中，然后加蒸馏水稀释。当溶液稀释达到容量瓶容积的2/3时，直立容量瓶，将容量瓶沿水平方向摆动几周使溶液初步混合(此时切勿加塞倒立容量瓶)。继续加水至标线以下约1cm左右时，改用滴管沿壁缓缓加水至弯月面下缘恰与标线相切时为止(如为热溶液应冷至室温后才稀释至标线)。盖紧瓶塞，将瓶倒立，待气泡上升到顶部后，再倒转过来，如此反复20余次，使溶液充分混匀。

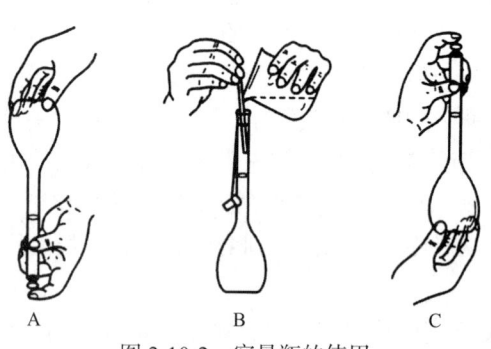

图 2-10-2 容量瓶的使用
A. 试漏；B. 溶液转移；C. 溶液混匀

若要将浓溶液定量稀释，先用移液管吸取一定体积的浓溶液移入容量瓶中，按上述稀释至标线，摇匀即成。

容量瓶不易长期保存试剂溶液，特别是碱性溶液。用毕后立即清洗干净，并在瓶塞与瓶口之间用一张纸片隔开。

**5. 移液管、吸量管的使用** 移液管和吸量管也是用来准确量取一定体积液体的仪器。带有分刻度的移液管一般称为吸量管，用来移取10ml以下的液体，精确度较高。

(1)洗涤：使用前，依次用洗液、自来水、蒸馏水洗至内壁不挂水珠为止，再用少量被量取的液体润洗2~3次。

吸取洗液润洗的方法：用左手持洗耳球，将食指放在洗耳球的上方，其余手指自然握住洗耳球，排除洗耳球中的空气，用右手的拇指和中指拿住标线以上的部分，环指和小指辅助拿住移液管，将洗耳球对准移液管口并贴紧，将管尖伸入洗液瓶中，吸取洗液至移液管球部分1/4处或吸量管全部1/4处。移开洗耳球，快速用右手的示指(最好事先蘸取少量水润湿一下示指)压住上管口,把管横过来,左手夹住管的下端,缓缓松开右手示指,一边转动移液管,一边使上管口降低,让洗液布满全管。然后从上管口将洗液放回原瓶。

用自来水充分冲洗。此后,用蒸馏水润洗3次,操作方法同上,但润洗的水应从管尖放出。最后应用装有蒸馏水的洗瓶吹洗管的外壁。用待吸液润洗2~3次,放液的方法与用蒸馏水润洗完全相同。

(2)吸液:用右手拇指和中指拿住移液管上端,用示指堵住上口并控制液体流速,吸量管刻度数字要对准自己。将移液管插入待吸的液面下,左手拿洗耳球,压出洗耳球内的空气,将球的尖端对准移液管上口,然后慢慢松开左手手指,使溶液吸入管内。待液面超过移液管刻度时,迅速移去洗耳球并用右手的示指按紧管口(图2-10-3)。

(3)调准刻度:将移液管提出液面,先用滤纸擦干管尖外壁,然后用示指控制液体缓慢下降至标线刻度(此时液体凹面、视线和刻度应在同一水平面上),并立即按紧移液管上口。

(4)放液:放液时,应将接收容器倾斜约45°,移液管保持直立,使管尖紧靠着容器内壁,放松右手示指,让液体自然流入接收器内,待管内溶液流尽后,再停15秒,并将管尖左右旋转一下才取出移液管,不要把残留在管尖的液体

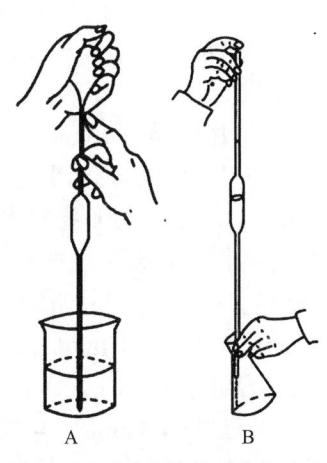

图2-10-3 移液管的吸液与放液
A. 吸取溶液;B. 放出溶液

吹出,因为在校准移液管的体积时,没有将这部分体积算在内。如果移液管若标有"吹"字,则要将管尖液体吹出。

(5)洗涤:移液管用完后,应放在指定位置。实验完毕后,用自来水和蒸馏水依次分别洗净后保存。

吸量管使用方法同移液管,但移取溶液时应尽量避免使用尖端处的刻度。

## 四、实训用品

**1. 仪器** 托盘天平,烧杯,玻璃棒,量筒或量杯(10ml和50ml各一个),滴管,50ml容量瓶,25ml移液管,1ml吸量管。

**2. 试剂** $\varphi_B$=0.95乙醇溶液、氯化钠(s),浓硫酸,0.2000mol/L乙酸溶液,浓盐酸。

## 五、实训步骤

**1. 用市售的 $\varphi_B$=0.95 乙醇溶液配制 $\varphi_B$=0.75 乙醇溶液(消毒酒精)50ml**

(1)计算配制50ml $\varphi_B$=0.75乙醇溶液所需 $\varphi_B$=0.95乙醇溶液的体积。

(2)用量筒或量杯量取所需 $\varphi_B$=0.95乙醇溶液的体积,然后加蒸馏水至50ml刻度,即得所需 $\varphi_B$=0.75乙醇溶液,倒入回收瓶中。

**2. 配制 $\rho_B$=9g/L 氯化钠溶液 50ml**

(1)计算配制 50ml $\rho_B$=9g/L 氯化钠溶液，需要氯化钠固体的质量。

(2)在台秤上称出所需氯化钠的质量。

(3)将称得的氯化钠倒入烧杯中，加蒸馏水适量，搅拌使其溶解，然后倒入量筒内，用少量蒸馏水洗涤烧杯 2～3 次，洗涤液倒入量筒内，再加蒸馏水至溶液体积为 50ml，混合均匀，即得 50ml $\rho_B$=9g/L 氯化钠溶液。然后倒入回收瓶中。

**3. 由市售浓硫酸配制 3mol/L 硫酸 50ml**

(1)计算配制 50ml 3mol/L 硫酸所需密度 $\rho$=1.84kg/L，质量分数 $\omega_B$=0.96 的浓硫酸的体积。

(2)用干燥的 10ml 量筒或量杯量取所需浓硫酸的体积。

(3)用烧杯盛蒸馏水约 20ml，将浓硫酸缓缓倒入烧杯中(配制时一定要注意将浓硫酸缓缓倒入水中，千万不要把水倒入浓硫酸中)，边倒边搅拌，冷却后转入 50ml 量筒中，用少量蒸馏水洗涤烧杯 2～3 次，并将洗涤液转入 50ml 量筒中，再用蒸馏水稀释至刻度，即得 3mol/L 硫酸溶液。将所配溶液倒入回收瓶中。

**4. 配制 0.1000mol/L 乙酸溶液 50ml** 用 25.00ml 移液管吸取 0.2000mol/L 乙酸溶液于 50ml 容量瓶中，加水稀释至 50ml 刻度，摇匀。

**5. 配制 0.1mol/L 盐酸 50ml** 用洁净干燥的吸量管吸取浓盐酸约 0.4ml 于 50ml 量筒中，用水稀释至 50ml，摇匀。

## 六、实训提示

少量浓硫酸溅到皮肤上会使人感到疼痛，大量浓硫酸更会引起皮肤灼伤。这是因为浓硫酸具有强烈的吸水性、脱水性，而人体皮肤中的主要成分就是水，水在细胞中占 70% 左右。因此，当浓硫酸溅到皮肤上后，浓硫酸会吸收细胞中的水分，同时放出热量灼伤皮肤，使皮肤感到强烈的疼痛。衣服的原料是纤维素。纤维素和蔗糖都是由碳、氢、氧等元素所组成的化合物。当硫酸溅到衣服上后，由于水分蒸发会逐渐变成浓硫酸，浓硫酸能将这些物质中的氢、氧元素按水的组成比脱去，只留下黑色的碳，这样衣服就被破坏了。

如果在工作中不小心皮肤溅上了硫酸，要立即用布揩去，并用大量的水或稀的氨水冲洗。如果皮肤灼伤严重，应该立刻到医院诊治。

## 七、实训思考

1. 配制溶液的基本方法有哪些？
2. 稀释浓硫酸时应注意哪些问题？
3. 配制氯化钠溶液时，为什么用台秤称取氯化钠(s)，而不是用分析天平？
4. 用容量瓶配制溶液时，是否需要先把容量瓶干燥？是否需要用被稀释溶液洗 2～3 遍？为什么？

## 八、实训评价

| 测试项目 | 指标分值 | 测评标准 | | | | 得分 |
|---|---|---|---|---|---|---|
| | | 完全达到 | 基本达到 | 部分达到 | 少量达到 | |
| 容量瓶的使用 | 2 | 1. 容量瓶的检查、洗涤<br>2. 容量瓶中液体的转入、混匀 | | | | |
| | | | | | | |
| 移液管的使用 | 2 | 1. 移液管的洗涤<br>2. 移液管的吸液与放液 | | | | |
| | | | | | | |
| 溶液的配制 | 2 | 1. 溶液浓度的计算<br>2. 溶液配制的步骤 | | | | |
| | | | | | | |
| 实验态度 | 2 | 1. 遵守实验、实训规章制度,遵守安全守则<br>2. 实验服保持清洁,认真操作,不高声谈笑 | | | | |
| | | | | | | |
| 实验习惯 | 2 | 1. 台面整洁,仪器摆放有序,爱护仪器,节约试剂<br>2. 操作规范,有条不紊,实训报告书写标准<br>3. 实验结束,能做好收尾工作 | | | | |
| | | | | | | |
| 总分 | | | | | | |

测试时间: 　年　月　日　　　　　　　　　评价教师:

## 九、实训报告

实训名称:　　　　　　　实训日期:　　　　　　　实训成绩:

**1.** 实训记录:

(1) 用市售的 $\varphi_B$=0.95 乙醇溶液配制 $\varphi_B$=0.75 乙醇溶液 50ml

计算




配制




(2) 配制 $\rho_B$=9g/L 氯化钠溶液 50ml

计算

配制

(3) 由市售浓硫酸配制 3mol/L 硫酸 50ml
计算

配制

(4) 配制 0.100 0mol/L 乙酸溶液 50ml
计算

配制

(5) 配制 0.1mol/L 盐酸 50ml
计算

配制

**2. 实训小结：**

（陈先玉）

## 实训十一　滴定操作的练习

### 一、实训目的

1. 初步掌握滴定管、移液管及容量瓶的使用和滴定操作技能。
2. 学会滴定终点的判断方法。

### 二、实训内容

①滴定管、移液管及容量瓶的操作练习；②0.1mol/L 氢氧化钠溶液滴定 0.1mol/L 盐酸；

③0.1mol/L 盐酸滴定 0.1mol/L 氢氧化钠溶液。

## 三、实训原理

滴定分析法是将一种已知准确浓度的标准溶液滴加到试样溶液中，直到反应完全，根据标准溶液浓度和消耗的体积，求得试样中组分含量的分析方法。为此，要学会滴定管的正确使用。滴定管是滴定时准确测量流出标准溶液体积的玻璃量器，滴定管一般分两种，一种是下端带有玻璃旋塞的酸式滴定管，一种是用于盛放碱液的碱式滴定管，碱式滴定管下端连接一段乳胶管，内放玻璃珠以控制溶液流出，乳胶管下端再连接一个尖嘴玻璃管。

酸式滴定管用于装酸性、中性及氧化性溶液，不宜装碱性溶液，因为碱性溶液容易腐蚀玻璃，放久了旋塞将不能旋转。碱性滴定管用于装碱性及无氧化性的溶液，凡与橡胶起反应的溶液，如高锰酸钾、碘和硝酸银等溶液，都不能用碱式滴定管来装。

**1. 酸式滴定管的准备**

(1)洗涤：若无明显污垢，可用自来水充分洗净。若有明显污垢，可用铬酸溶液洗涤。加入 5~10ml 铬酸洗液，边转动边将滴定管放平，并将滴定管口对着洗液瓶口，以防止洗液洒出。

洗净后将一部分洗液从管口放回原瓶，最后打开活塞，将剩余洗液放回原瓶，必要时可加满洗液浸泡一段时间。

用洗液润洗后，必须用自来水充分洗净，并将外壁擦干，以便观察内壁是否挂有水珠。若挂水珠说明未洗干净，必须重新洗涤。

(2)涂油：取下活塞上的橡皮圈，取下活塞，用吸水纸将活塞和活塞套擦干，将滴定管放平，以防止管内的水再次进入活塞套。

用手指沾少量凡士林在活塞的两头涂上薄薄一层。在活塞孔附近应涂少量凡士林，以免堵住旋塞孔。把活塞插入活塞套内，按紧并朝一个方向转动活塞，观察活塞与活塞套槽接触的地方是否都呈透明状态，转动是否灵活。套上橡皮圈，以防活塞脱落打碎(图2-11-1)。

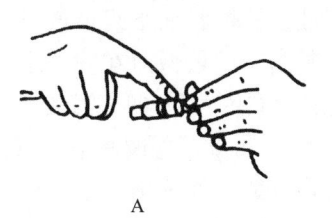
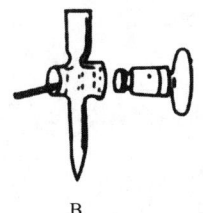
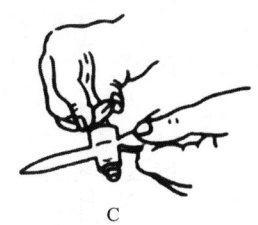

A       B       C

图 2-11-1 酸式滴定管涂油
A. 活塞涂油；B. 安装活塞；C. 转动活塞

(3)检漏：用自来水充满滴定管，夹在滴定管夹上直立 2 分钟，仔细观察有无水滴滴下或从缝隙渗出。然后将活塞转动180°，再如前法检查。如有漏水现象，必须重新涂油。

(4)涂油合格后，用蒸馏水洗滴定管 3 次，每次用量分别为 10ml、5ml、5ml。洗时，双手持滴定管两端无刻度处，边转动边倾斜，使水布满全管并轻轻震荡，然后直立，打开活塞，将水放掉，同时冲洗出口管。

**2. 碱式滴定管的准备**

(1)检查乳胶管和玻璃球是否完好，若乳胶管已经老化，或者玻璃球过大(不宜操作)或过小(漏水)，应予更换。

(2)洗涤：需要用铬酸洗液洗涤时，可除去乳胶管，用旧橡皮乳头套在下端管口上进行洗涤，在用自来水洗涤或用蒸馏水洗涤碱式滴定管时，捏乳胶管时应不断改变方位，使玻璃球的四周都洗到。

**3. 滴定液的装入**

(1)用滴定液将滴定管润洗3次(洗涤方法与蒸馏水洗涤滴定管相同)。

(2)将滴定液直接倒入滴定管中。

(3)赶气泡

1)酸式滴定管赶气泡的方法：右手拿着滴定管上部，使滴定管倾斜30°，左手迅速打开活塞，使溶液冲出，从而带走气泡(图2-11-2)。

2)碱式滴定管赶气泡的方法：左手拇指和示指捏住玻璃珠中间偏上部位，并将乳胶管向上弯曲，出口管斜向上，同时向一旁挤压玻璃珠，使溶液从管口喷出，随之将气泡带走，再一边捏乳胶管一边将其放直。当乳胶管放直后再松开拇指和示指，否则出口管仍有气泡。最后将滴定管外壁擦干(图2-11-3)。

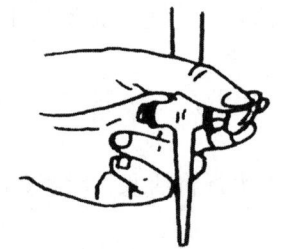

图 2-11-2　酸式滴定管排气泡

图 2-11-3　碱式滴定管排气泡

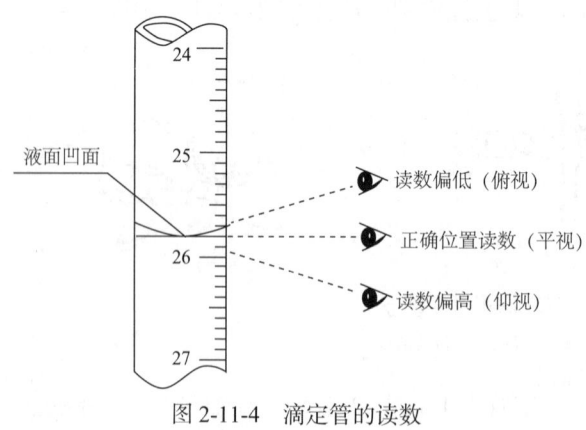

图 2-11-4　滴定管的读数

**4. 滴定管读数**　手拿滴定管上部无刻度处，使滴定管保持垂直。无色或浅色溶液，读弯月面下缘最低点的数值，且眼睛与此最低点在同一水平线上。若溶液颜色太深(如高锰酸钾溶液、碘液等)，可读液面两侧最高点。常量滴定管读数必须读出小数点后第二位(图2-11-4)。

**5. 滴定管的操作方法**

1)酸式滴定管：左手环指和小指向手心方向半弯曲，轻轻贴在尖嘴左侧。拇指在活塞柄的靠近操作者一侧，示指和中指在活塞柄的另一侧，在转动活塞的同时，中指和示指应稍微弯曲，轻轻往手心方向用力，防止活塞松脱，造成漏液(图2-11-5)。

2)碱式滴定管：左手环指及小指夹住末端玻璃尖管，拇指与示指向一侧捏乳胶管，使溶液在玻璃球旁空隙处流出。不要用力捏玻璃珠，也不能使玻璃珠上下移动，尤其不要捏住玻璃珠下部的乳胶管，因为这样操作会在停止滴定、松开手时进气泡，造成体积测量错误(图2-11-6)。

图2-11-5　酸式滴定管的使用　　　　图2-11-6　碱式滴定管的使用

3)滴液方法：无论使用哪种滴定管，都必须掌握下面三种加液方法。①逐滴连续滴加；②只加一滴；③只加半滴：使液滴悬而未落，用瓶内壁粘下，用蒸馏水冲下然后摇匀，即加入半滴。

4)滴定操作注意事项：滴定前应观察滴定管尖端是否悬挂液滴，若有，应用锥形瓶外壁粘下；滴定时，一般用左手握滴定管，右手前三指拿住锥形瓶瓶颈，使瓶底距离滴定台1~3cm，调节滴定管的高度，使滴定管的下端深入锥形瓶口约1cm；左手按上述方法滴加溶液，右手用腕部力量摇动锥形瓶，边滴加边摇动，摇动时使溶液向同一方向做圆周运动，眼睛注意溶液落点周围颜色的变化，开始时，滴定速度可稍微快些，但不能成"水线"。接近终点时，应改为加1滴、摇几下。最后，每加半滴，即摇动锥形瓶，直至溶液出现明显的颜色变化。

## 四、实训用品

**1. 仪器**　25ml 碱式滴定管，25ml 酸式滴定管，250ml 锥形瓶，洗瓶，洗耳球等。

**2. 试剂**　0.1mol/L 盐酸，0.1mol/L 氢氧化钠溶液，酚酞指示剂，甲基橙指示剂等。

## 五、实训步骤

**1. 0.1mol/L 氢氧化钠溶液滴定 0.1mol/L 盐酸**　取干净的碱式滴定管 1 支，用少量 0.1mol/L 氢氧化钠溶液润洗3次，装入氢氧化钠溶液，排出气泡，调整液面至0.00ml或"0.00"以下某刻度，并记录初读数。

取洁净的 20ml 移液管 1 支，用少量 0.1mol/L 盐酸润洗 3 次，准确移取 20.00ml 盐酸置于 250ml 锥形瓶中，加蒸馏水 20ml，酚酞指示剂 2 滴，用 0.1mol/L 氢氧化钠溶液滴定，直至溶液呈微红色且 30 秒内不褪色为终点，记下所消耗的氢氧化钠溶液的体积。平行滴定 3 次，每次消耗的氢氧化钠溶液体积相差不得超过 0.04ml。将实验结果记录在实训报告中。

**2. 0.1mol/L 盐酸滴定0.1mol/L 氢氧化钠溶液** 取干净的酸式滴定管1支,用少量0.1mol/L 盐酸润洗3次,装入盐酸,排除气泡,调整液面至0.00ml或"0.00"以下某刻度,并记录初读数。

取洁净的20ml 移液管1支,用少量0.1mol/L 氢氧化钠溶液润洗3次,准确移取20.00ml 氢氧化钠溶液置于250ml 锥形瓶中,加蒸馏水20ml,甲基橙指示剂2滴,用0.1mol/L 盐酸滴定,直至溶液显橙色且30秒内不褪色为终点,记下所消耗的盐酸的体积。平行滴定3次,每次消耗的盐酸体积相差不得超过0.04ml。

## 六、实训思考

1. 洗净的滴定管为什么在装溶液之前要用欲装的溶液润洗几次?滴定中使用的锥形瓶是否也要用待装液润洗?
2. 在滴定开始前,为什么必须赶走滴定管下端尖管存在的气泡?
3. 为什么每次滴定前都要将酸碱溶液装至滴定管"0"刻度或"0"以下附近刻度?

## 七、实训评价

| 测试项目 | 指标分值 | 测评标准 | | | | 得分 |
|---|---|---|---|---|---|---|
| | | 完全达到 | 基本达到 | 部分达到 | 少量达到 | |
| 酸式滴定管的操作练习 | 3 | 1. 能正确使用酸式滴定管<br>2. 熟悉滴定操作,会判断滴定终点 | | | | |
| 碱式滴定管的操作练习 | 3 | 1. 能正确使用碱式滴定管<br>2. 熟悉滴定操作,会判断滴定终点 | | | | |
| 实验态度 | 2 | 1. 遵守实验、实训规章制度,遵守安全守则<br>2. 实验服保持清洁,认真操作,不高声谈笑 | | | | |
| 实验习惯 | 2 | 1. 台面整洁,仪器摆放有序,爱护仪器,节约试剂<br>2. 操作规范,有条不紊,实训报告书写标准<br>3. 实验结束,能做好收尾工作 | | | | |
| 总分 | | | | | | |

测试时间: 年 月 日　　　　　　　　　　评价教师:

## 八、实训报告

实训名称:　　　　　实训日期:　　　　　实训成绩:

## 1. 实训记录：

(1) 0.1mol/L 氢氧化钠溶液滴定 0.1mol/L 盐酸

| 测定次数 | 1 | 2 | 3 |
|---|---|---|---|
| 盐酸体积(ml) | | | |
| 滴定管初读数(ml) | | | |
| 滴定管终读数(ml) | | | |
| 氢氧化钠溶液消耗体积(ml) | | | |
| 氢氧化钠溶液消耗平均值(ml) | | | |

(2) 0.1mol/L 盐酸滴定 0.1mol/L 氢氧化钠溶液

| 测定次数 | 1 | 2 | 3 |
|---|---|---|---|
| 氢氧化钠溶液体积(ml) | | | |
| 滴定管初读数(ml) | | | |
| 滴定管终读数(ml) | | | |
| 盐酸消耗体积(ml) | | | |
| 盐酸消耗平均值(ml) | | | |

## 2. 实训小结：

（张稳稳）

# 第三章　基础性实验

## 实训一　缓冲溶液的配制及性质

### 一、实训目的

1. 掌握缓冲溶液的配制方法及其性质。
2. 掌握用 pH 试纸测定溶液 pH 的方法。
3. 了解缓冲容量与总浓度及缓冲比之间的关系。

### 二、实训内容

①缓冲溶液的配制；②缓冲溶液的性质；③缓冲容量的比较。

### 三、实训原理

能够抵抗外加少量强酸或强碱，而保持其本身 pH 基本不变的溶液称为缓冲溶液。缓冲溶液是由共轭酸碱对组成的，其中的弱酸为抗碱成分，而其共轭碱为抗酸成分。由于缓冲溶液中存在大量的抗酸成分和抗碱成分，所以能维持溶液 pH 的相对稳定。不同的缓冲溶液具有不同的缓冲范围，配制缓冲溶液时应根据所需 pH 选择合适的缓冲对，使所需的 pH 恰好在缓冲溶液的缓冲范围内。当弱酸和共轭碱的浓度相等时，可利用公式：

$$pH = pK_a + \lg \frac{V_{B^-}}{V_{HB}}$$

计算出所需的弱酸 HB 溶液和其共轭碱 $B^-$ 溶液的体积，将所需体积的弱酸溶液和其共轭碱溶液混合即得所需缓冲溶液。

缓冲溶液的缓冲能力用缓冲容量来衡量，缓冲溶液的缓冲容量越大，其缓冲能力就越大。缓冲容量与总浓度及缓冲比有关，当缓冲比一定时，总浓度越大，缓冲容量就越大；当总浓度一定时，缓冲比越接近 1，缓冲容量就越大（缓冲比等于 1 时，缓冲容量最大）。

### 四、实训用品

**1. 仪器**　试管，玻璃棒，广泛 pH 试纸，精密 pH 试纸。

**2. 试剂**　溴酚红，0.1mol/L HAc 溶液，0.1mol/L NaAc 溶液，0.1mol/L NaOH 溶液，0.1mol/L HCl 溶液，1mol/L NaOH 溶液，1mol/L HAc 溶液，1mol/L NaAc 溶液。

## 五、实训步骤

**1. 缓冲溶液的配制** 配制缓冲溶液时,根据计算结果,用刻度吸管准确地移取共轭酸和共轭碱溶液。使用刻度吸管时,洗净的刻度吸管应用待吸的溶液润洗2~3次,以除去管内的水分。吸取溶液时,将右手的拇指和中指握住刻度吸管的上部,将管尖插入溶液中,左手用洗耳球将溶液吸至稍高于刻度处,迅速用示指按住管口,取出刻度吸管,然后管身垂直,管尖紧靠储液瓶口,稍微放松示指,让溶液慢慢流出,此时应平视刻度直至溶液的弯月面与刻度相切为止,立即按紧示指,将刻度吸管的下端紧贴接收溶液的容器内壁,使管身垂直并松开示指,让溶液自由流出,流完后,等待15~30秒再取出刻度吸管。

用 0.1mol/L HAc($pK_a$ = 4.74)溶液和 0.1mol/L NaAc 溶液配制 10ml pH = 5.0 的缓冲溶液。

用精密 pH 试纸测定所配缓冲溶液的 pH,并与理论值相比较(保留溶液,供下面实验用)。

**2. 缓冲溶液的性质**

(1)缓冲溶液的抗酸作用:取 1 支试管,加入 3ml 上述配制的 pH 为 5.0 的缓冲溶液,加入 2 滴 0.1mol/L HCl 溶液,用精密 pH 试纸测定其 pH,另取试管 1 支,加入蒸馏水 3ml 并加入 2 滴 0.1mol/L HCl 溶液进行比较,解释上述实验现象。

(2)缓冲溶液的抗碱作用:取 1 支试管,加入 3ml 上述配制的 pH 为 5.0 的缓冲溶液,加入 2 滴 0.1mol/L NaOH 溶液,用精密 pH 试纸测定其 pH,另取试管 1 支,加入蒸馏水 3ml 并加入 2 滴 0.1mol/L NaOH 溶液进行比较,解释上述实验现象。

(3)缓冲溶液的抗稀释作用:取 1 支试管,加入 0.5ml 上述配制的 pH 为 5.0 的缓冲溶液,加入 5ml 蒸馏水,振摇试管,用精密 pH 试纸分别测定其 pH,另取试管 2 支,分别加入 0.5ml 0.1mol/L HCl 溶液和 0.1mol/L NaOH 溶液,加入 5ml 蒸馏水稀释,并与缓冲溶液的稀释液进行比较,解释上述实验现象。

**3. 缓冲容量的比较**

(1)缓冲容量与总浓度的关系:取 2 支试管,在一支中加入 0.1mol/L HAc 溶液和 0.1mol/L NaAc 溶液各 2ml,在另一支试管中加入 1mol/L HAc 溶液和 1mol/L NaAc 溶液各 2ml。用精密 pH 试纸测定两试管中的 pH 是否相同。向 2 支试管中各加入 2 滴溴酚红指示剂(变色范围为 pH 5.0~6.8,pH < 5.0 呈黄色,pH > 6.8 呈红色),然后向 2 支试管中分别滴加 1mol/L NaOH 溶液,边滴加边振摇试管,直至溶液颜色变为红色。记录 2 支试管所加 NaOH 溶液的滴数,并解释之。

(2)缓冲容量与缓冲比的关系:取 2 支试管,在一支中加入 0.1mol/L HAc 溶液和 0.1mol/L NaAc 溶液各 5ml,在另一支试管中加入 9ml 0.1mol/L NaAc 溶液和 1ml 0.1mol/L HAc 溶液。计算两溶液的缓冲比,用精密 pH 试纸测定两试管中的 pH。然后往每支试管中加入 1ml 0.1mol/L NaOH 溶液,再用精密 pH 试纸测定两试管中的 pH。解释所观察的结果。

## 六、实训思考

1. 利用精密 pH 试纸检测溶液的 pH 时，应注意哪些问题？
2. 为什么在缓冲溶液中加入少量强酸或强碱，溶液的 pH 不发生明显的变化？
3. 影响缓冲容量的因素有哪些？

## 七、实训评价

| 测试项目 | 指标分值 | 测评标准 | | | | 得分 |
| --- | --- | --- | --- | --- | --- | --- |
| | | 完全达到 | 基本达到 | 部分达到 | 少量达到 | |
| 吸量管的准备 | 1 | 1. 是否润洗 2～3 次<br>2. 润洗吸量管手势 | | | | |
| 吸量管的使用 | 4 | 1. 吸量管手势(左手拿洗耳球，右手拿吸量管)<br>2. 是否先把洗耳球内空气排出<br>3. 吸量管尖是否插入液面下 1～2cm<br>4. 是否将溶液吸至稍高于刻度处<br>5. 是否用食指迅速堵住管口<br>6. 刻度吸管的下端紧靠接收溶液的容器内壁<br>7. 放液时管身是否竖直，容器是否倾斜，流完后是否等待 15 秒<br>8. 液面的正确读数 | | | | |
| pH 试纸的使用 | 2 | 1. 能用广泛 pH 试纸测定溶液 pH 范围<br>2. 能用精密 pH 试纸检测溶液的 pH | | | | |
| 实验态度 | 1 | 1. 遵守实验、实训规章制度，遵守安全守则<br>2. 实验服保持清洁，认真操作，不高声谈笑 | | | | |
| 实验习惯 | 2 | 1. 操作规范，爱护仪器，节约试剂，团队协作良好<br>2. 实验结束时，台面整洁，仪器摆放有序 | | | | |
| 总分 | | | | | | |

测试时间： 年 月 日 评价教师：

## 八、实训报告

实训名称： 实训日期： 实训成绩：

**1. 实训记录：**

(1) 缓冲溶液的配制

| 编号 | 共轭酸(ml) | 共轭碱(ml) | pH(理论值) | pH(测定值) |
| --- | --- | --- | --- | --- |
| 1 | | | | |

(2) 缓冲溶液的性质

| 编号 | 溶液 | pH | 加入酸、碱或纯水的体积 | pH |
| --- | --- | --- | --- | --- |
| 1 | HAc-NaAc | | 2 滴 0.1mol/L HCl 溶液 | |
| 2 | $H_2O$ | | 2 滴 0.1mol/L HCl 溶液 | |
| 3 | HAc-NaAc | | 2 滴 0.1mol/L NaOH 溶液 | |
| 4 | $H_2O$ | | 2 滴 0.1mol/L NaOH 溶液 | |
| 5 | HAc-NaAc | | 5ml $H_2O$ | |
| 6 | 0.5ml 0.1mol/L HCl 溶液 | | 5ml $H_2O$ | |
| 7 | 0.5ml 0.1mol/L NaOH 溶液 | | 5ml $H_2O$ | |

解释及结论：＿＿＿＿＿＿＿＿＿＿＿＿＿＿＿＿＿＿＿＿＿＿＿＿＿＿＿＿＿＿＿＿＿＿

(3) 缓冲容量的比较

1) 缓冲容量与总浓度的关系

| 编号 | 缓冲溶液 | pH | 滴加 1mol/L NaOH 溶液(滴) |
| --- | --- | --- | --- |
| 1 | 2ml 0.1mol/L HAc 溶液+2ml 0.1mol/L NaAc 溶液 | | |
| 2 | 2 ml 1mol/L HAc 溶液+2ml 1mol/L NaAc 溶液 | | |

2) 缓冲容量与缓冲比的关系

| 编号 | 缓冲溶液 | pH | 加入 1ml 0.1mol/L NaOH 溶液后的 pH |
| --- | --- | --- | --- |
| 1 | 5 ml 0.1mol/L HAc 溶液+5ml 0.1mol/L NaAc 溶液 | | |
| 2 | 1 ml 0.1mol/L HAc 溶液+9ml 0.1mol/L NaAc 溶液 | | |

解释及结论：＿＿＿＿＿＿＿＿＿＿＿＿＿＿＿＿＿＿＿＿＿＿＿＿＿＿＿＿＿＿＿＿＿＿

**2. 实训小结：**

(程家蓉)

## 实训二  氧化-还原反应

### 一、实训目的

1. 掌握利用电极电势判断氧化剂、还原剂的强弱。
2. 掌握利用电极电势判断氧化-还原反应的方向。
3. 理解影响氧化-还原反应方向的因素。

### 二、实训内容

①验证氧化-还原反应与电极电势的关系；②验证酸度对氧化-还原反应方向的影响；③利用电对的电极电势设计氧化-还原反应实验。

### 三、实训原理

氧化-还原反应是指元素化合价发生改变的化学反应。元素化合价降低的过程称为还原，元素化合价升高的过程称为氧化。化合价降低的物质称为氧化剂，化合价升高的物质称为还原剂。

利用电极电势可以判断氧化剂、还原剂的强弱及氧化-还原反应的方向，电极电势越大，该电对氧化型的得电子能力就越强，其氧化型是较强的氧化剂；反之，电极电势越小，该电对还原型的给电子能力就越强，其还原型是较强的还原剂。氧化剂电对(得电子，正极反应)的标准电极电势大于还原剂电对(失电子，负极反应)的标准电极电势，该氧化-还原反应就可以正向自发进行。

与本实训有关的氧化-还原反应式如下：

$$Fe + CuSO_4 = Cu + FeSO_4$$

$$2KI + NaClO + H_2SO_4 = I_2 + NaCl + K_2SO_4 + H_2O$$

$$2KI + H_2O_2 + H_2SO_4 = I_2 + K_2SO_4 + 2H_2O$$

$$2SnCl_2 + 4Fe(NO_3)_3 = SnCl_4 + 4Fe(NO_3)_2 + Sn(NO_3)_4$$

$$2KMnO_4 + 3H_2SO_4 + 5H_2O_2 = 2MnSO_4 + K_2SO_4 + 5O_2\uparrow + 8H_2O$$

$$K_2Cr_2O_7 + 3Na_2SO_3 + 4H_2SO_4 = Cr_2(SO_4)_3 + K_2SO_4 + 3Na_2SO_4 + 4H_2O$$

$$2KI + Na_3AsO_4 + 2H_2SO_4 = I_2 + NaAsO_2 + K_2SO_4 + Na_2SO_4 + 2H_2O$$

### 四、实训用品

1. **仪器**  试管。
2. **试剂**  0.1mol/L $CuSO_4$ 溶液，0.1mol/L KI 溶液，0.1mol/L $Fe(NO_3)_3$ 溶液，0.1mol/L

$NH_4SCN$ 溶液，0.1mol/L $K_2Cr_2O_7$ 溶液，0.1mol/L NaClO 溶液，0.1mol/L $Na_2SO_3$ 溶液，0.1mol/L $Na_3AsO_4$ 溶液，3mol/L $H_2SO_4$ 溶液，6mol/L NaOH 溶液，0.5mol/L $SnCl_2$ 溶液，0.01mol/L $KMnO_4$ 溶液，0.5mol/L $Na_2SO_3$ 溶液，0.2% 淀粉溶液，5% $H_2O_2$ 溶液，铁钉。

## 五、实训步骤

**1. 验证氧化-还原反应与电极电势的关系**

（1）取 0.1mol/L $CuSO_4$ 溶液 20 滴于试管中，然后加入一根无锈的铁钉，振摇数分钟，静止后，观察溶液颜色的变化。

（2）取 0.1mol/L KI 溶液 5 滴于试管中，加入 3mol/L $H_2SO_4$ 溶液 10 滴，再加入 0.1mol/L NaClO 溶液 5 滴，最后再滴加 2 滴 0.2% 淀粉溶液，观察现象。

（3）取 0.1mol/L KI 溶液 5 滴于试管中，加入 0.2%淀粉溶液 2 滴，再加入 3mol/L $H_2SO_4$ 溶液 5 滴，最后慢慢滴加 5% $H_2O_2$ 溶液，观察现象。

（4）取 0.1mol/L $Fe(NO_3)_3$ 溶液 5 滴和 0.1mol/L $NH_4SCN$ 溶液 1 滴于试管中，然后慢慢滴加 0.5mol/L $SnCl_2$ 溶液，直到颜色消失为止。

（5）取 0.01mol/L $KMnO_4$ 溶液 3 滴和 3mol/L $H_2SO_4$ 溶液 5 滴于试管中，然后慢慢滴加 5% $H_2O_2$ 溶液，观察现象。

（6）取 0.1mol/L $K_2Cr_2O_7$ 溶液 3 滴和 3mol/L $H_2SO_4$ 溶液 5 滴于试管中，然后慢慢滴加 0.5mol/L $Na_2SO_3$ 溶液，观察颜色的变化。

**2. 验证酸度对氧化-还原反应的反应方向影响** 取 0.1mol/L KI 溶液 10 滴和 0.2%淀粉溶液 2 滴于试管中，再加入 0.1mol/L $Na_3AsO_4$ 溶液 10 滴，然后慢慢滴加 3mol/L $H_2SO_4$ 溶液，并振摇试管直到溶液显色，然后再滴加 6mol/L NaOH 溶液，观察现象。

**3. 利用电对的电极电势设计氧化-还原反应实验** 利用本实训提供的 $KMnO_4$ 溶液、$K_2Cr_2O_7$ 溶液、$H_2O_2$ 溶液、$SnCl_2$ 溶液、$Na_2SO_3$ 溶液、$H_2SO_4$ 溶液、NaOH 溶液，设计四个与本实训不同但确实能发生的氧化-还原反应，写出实训步骤、现象及反应式。

## 六、实训思考

1. 电极反应中离子浓度变化有多少种方式影响电极电势？
2. 电极电势与氧化-还原反应的方向有何关系？

## 七、实训评价

| 测试项目 | 指标分值 | 测评标准 | | | | 得分 |
| --- | --- | --- | --- | --- | --- | --- |
| | | 完全达到 | 基本达到 | 部分达到 | 少量达到 | |
| 胶头滴管的使用 | 2 | 1. 胶头滴管是否竖直<br>2. 胶头滴管尖是否在试管口上 5mm 左右 | | | | |

续表

| 测试项目 | 指标分值 | 测评标准 | | | | 得分 |
|---|---|---|---|---|---|---|
| | | 完全达到 | 基本达到 | 部分达到 | 少量达到 | |
| 实验现象 | 3 | 1. 铁钉表面是否出现颜色变化(出现金黄色)<br>2. KI 与 NaClO 的淀粉溶液颜色变化(出现蓝色)<br>3. KI 与 $H_2O_2$ 的淀粉溶液颜色变化(出现蓝色)<br>4. $Fe(NO_3)_3$ 与 $NH_4SCN$,加 $SnCl_2$ 颜色变化(先出现血红色,然后颜色褪去)<br>5. $KMnO_4$ 与 $H_2O_2$ 现象(紫色褪去,并有气泡产生)<br>6. $K_2Cr_2O_7$ 与 $Na_2SO_3$ 反应现象(橙色褪去,转变为绿色)<br>7. KI 与 $Na_3AsO_4$ 淀粉溶液反应现象(由无色变为蓝色,再变为无色) | | | | |
| | | | | | | |
| 实验方案 | 2 | 1. 设计方案是否正确<br>2. 实验现象是否明显 | | | | |
| | | | | | | |
| 实验态度 | 1 | 1. 遵守实验、实训规章制度,遵守安全守则<br>2. 实验服保持清洁,认真操作,不高声谈笑 | | | | |
| | | | | | | |
| 实验习惯 | 2 | 1. 操作规范,爱护仪器,节约试剂,团队协作良好<br>2. 实验结束时,台面整洁,仪器摆放有序 | | | | |
| | | | | | | |
| 总分 | | | | | | |

测试时间: 年 月 日 　　　　　　　　　　评价教师:

# 八、实训报告

**实训名称:** 　　　　　　　**实训日期:** 　　　　　　　**实训成绩:**

**1. 实训记录:**

| 实训项目 | | 现象 | 解释或结论 |
|---|---|---|---|
| 氧化-还原反应与电极电势 | 0.1mol/L $CuSO_4$ 溶液+Fe | | |
| | 0.1mol/L KI 溶液+3mol/L $H_2SO_4$ 溶液+0.1mol/L NaClO 溶液+0.2%淀粉溶液 | | |
| | 0.1mol/L KI 溶液+0.2%淀粉溶液+3mol/L $H_2SO_4$ 溶液慢慢滴加 5%$H_2O_2$ 溶液 | | |
| | 0.1mol/L $Fe(NO_3)_3$ 溶液+0.1mol/L $NH_4SCN$ 溶液慢慢滴加 0.5mol/L $SnCl_2$ 溶液 | | |
| | 0.01mol/L $KMnO_4$ 溶液+3mol/L $H_2SO_4$ 溶液慢慢滴加 5% $H_2O_2$ 溶液 | | |
| | 0.1mol/L $K_2Cr_2O_7$ 溶液+3mol/L $H_2SO_4$ 溶液慢慢滴加 0.5mol/L $Na_2SO_3$ 溶液 | | |
| 影响因素 | 0.1mol/L KI 溶液+0.2% 淀粉溶液+0.1mol/L $Na_3AsO_4$ 溶液慢慢滴加 3mol/L $H_2SO_4$ 溶液再滴加 6mol/L NaOH 溶液 | | |

**2.** 方案设计及实施：

**3.** 实训小结：

(程家蓉)

# 实训三　配位化合物的生成和性质

## 一、实训目的

1. 掌握配合物的制备。
2. 能够区别配合物和复盐。
3. 熟悉配离子的性质。

## 二、实训内容

①配合物的制备；②配合物和复盐的区别；③简单离子和配离子的区别。

## 三、实训原理

由一个金属阳离子和一定数目的中性分子或阴离子结合成的复杂离子称为配离子，配离子和带相反电荷的其他离子所组成的化合物称为配合物。

在配合物中，配离子和外界离子之间是以离子键的形式结合，在溶液中能完全电离，而在配离子中，中心离子和配位体却以配位键的形式结合，比较稳定，不易电离。

配合物和复盐非常相似，但在水溶液中，复盐能完全电离成组成它的简单离子，而配合物在水溶液中只能电离出配离子和外界离子，而不能完全电离成组成它的简单离子。

## 四、实训用品

**1. 仪器**　试管，表面皿(大、小各一块)，100ml 烧杯，石棉网，铁架台，铁圈，酒精灯。

**2. 试剂**　6mol/L 氨水，6mol/L NaOH 溶液，0.1mol/L $BaCl_2$ 溶液，0.1mol/L NaOH 溶液，0.1mol/L 氨水，0.1mol/L $AgNO_3$ 溶液，0.1mol/L NaCl 溶液，0.1mol/L $NH_4Fe(SO_4)_2$ 溶液，0.1mol/L KSCN 溶液，0.1mol/L $FeCl_3$ 溶液，0.1mol/L $CuSO_4$ 溶液，0.1mol/L $K_3[Fe(CN)_6]$ 溶液，红色石蕊试纸。

## 五、实训步骤

（一）配离子的制备和稳定性

**1. $[Cu(NH_3)_4]^{2+}$ 的生成及稳定性**　取两支试管，各加入 0.1mol/L $CuSO_4$ 溶液 1ml，然后在这两支试管中分别加入 0.1mol/L $BaCl_2$ 溶液 4 滴和 0.1mol/L NaOH 溶液 4 滴，观察现象。

另取一支试管，加入 0.1mol/L $CuSO_4$ 溶液 1ml，逐滴加入 6mol/L 氨水，边加边振荡，待生成的沉淀完全溶解后再多加氨水 1~2 滴，观察现象，写出化学反应式。然后将此溶液分装在 2 支试管中，分别加入 0.1mol/L $BaCl_2$ 溶液 4 滴和 0.1mol/L NaOH 溶液 4 滴，观察现象并加以解释。

**2. $[Ag(NH_3)_2]^+$ 的生成及稳定性**　取一支试管，加入 0.1mol/L $AgNO_3$ 溶液 1ml，滴入 0.1mol/L NaCl 溶液 2 滴，观察现象。

另取一支试管，加入 0.1mol/L $AgNO_3$ 溶液 1ml，逐滴加入 6mol/L 氨水，边加边振荡，待生成的沉淀完全溶解后再多加氨水 1~2 滴，观察现象，写出化学反应式。然后在此溶液中滴入 0.1mol/L NaCl 溶液 2 滴，观察现象并加以解释。

（二）配合物和复盐的区别

**1. 复盐 $NH_4Fe(SO_4)_2$ 中简单离子的鉴别**

（1）$SO_4^{2-}$ 的鉴别：取 1 支试管，加入 0.1mol/L $NH_4Fe(SO_4)_2$ 溶液 1ml，加入 0.1mol/L $BaCl_2$ 溶液 2 滴，观察现象。

（2）$Fe^{3+}$ 的鉴别：取 1 支试管，加入 0.1mol/L $NH_4Fe(SO_4)_2$ 溶液 1ml，加入 0.1mol/L KSCN 溶液 2 滴，观察现象。

（3）$NH_4^+$ 的鉴别：在一块大的表面皿的中心，加入 0.1mol/L $NH_4Fe(SO_4)_2$ 溶液 5 滴，再加 6mol/L NaOH 溶液 3 滴，混匀。在另一块较小的表面皿中心粘上 1 条润湿的红色石蕊试纸，把它盖在大的表面皿上做成气室，将此气室放在水浴上微热 2 分钟，观察现象。

**2. 配合物 $[Cu(NH_3)_4]SO_4$ 中离子的鉴别**

（1）$SO_4^{2-}$ 的鉴别：取一支试管，加入自制的 $[Cu(NH_3)_4]SO_4$ 溶液 1ml，滴入 0.1mol/L $BaCl_2$ 溶液 2 滴，观察现象。

（2）$Cu^{2+}$ 的鉴别：取一支试管，加入自制的 $[Cu(NH_3)_4]SO_4$ 溶液 1ml，滴入 0.1mol/L NaOH 溶液 4 滴，观察是否产生沉淀。

根据以上实验，说明配合物和复盐的区别。

(三)简单离子和配离子的区别

1. 取试管 1 支,加入 0.1mol/L $FeCl_3$ 溶液 1ml,滴入 0.1mol/L KSCN 溶液 5 滴,观察现象。

2. 以 $K_3[Fe(CN)_6]$ 溶液代替 $FeCl_3$ 溶液做相同的实验,观察现象,并加以解释。

## 六、实训思考

1. 配合物与复盐的主要区别是什么?
2. 如何判断某化合物是否是配合物?

## 七、实训评价

| 测试项目 | 指标分值 | 测评标准 | | | | 项目得分 |
|---|---|---|---|---|---|---|
| | | 完全达到 | 基本达到 | 部分达到 | 少量达到 | |
| 胶头滴管的使用 | 2 | 1. 胶头滴管是否竖直<br>2. 胶头滴管尖是否在试管口上 5mm 左右 | | | | |
| | | | | | | |
| 实验现象 | 4 | 1. $[Cu(NH_3)_4]^{2+}$ 配离子的生成及稳定性<br>2. $[Ag(NH_3)_2]^+$ 配离子的生成及稳定性<br>3. $NH_4Fe(SO_4)_2$ 中 $SO_4^{2-}$ 的鉴别<br>4. $NH_4Fe(SO_4)_2$ 中的 $NH_4^+$ 鉴别<br>5. $NH_4Fe(SO_4)_2$ 中的 $Fe^{3+}$ 鉴别<br>6. $NH_4^+$ 的鉴别装置<br>7. $[Cu(NH_3)_4]SO_4$ 中离子的鉴别<br>8. $K_3[Fe(CN)_6]$ 与 $FeCl_3$ 分别和 KSCN 反应 | | | | |
| | | | | | | |
| 实验态度 | 2 | 1. 遵守实验、实训规章制度,遵守安全守则<br>2. 实验服保持清洁,认真操作,不高声谈笑 | | | | |
| | | | | | | |
| 实验习惯 | 2 | 1. 操作规范,爱护仪器,节约试剂,团队协作良好<br>2. 实验结束时,台面整洁,仪器摆放有序 | | | | |
| | | | | | | |
| 总分 | | | | | | |

测试时间:   年  月  日              评价教师:

## 八、实训报告

实训名称：　　　　　　　实训日期：　　　　　　　实训成绩：

**1. 实训记录：**

| 实训项目 | | 现象 | 解释或结论 |
|---|---|---|---|
| $[Cu(NH_3)_4]^{2+}$的生成及稳定性 | 1# | | |
| | 2# | | |
| | 3# | | |
| | 4# | | |
| $[Ag(NH_3)_2]^+$的生成及稳定性 | 1# | | |
| | 2# | | |
| $NH_4Fe(SO_4)_2$中简单离子的鉴别 | $SO_4^{2-}$ | | |
| | $Fe^{3+}$ | | |
| | $NH_4^+$ | | |
| $[Cu(NH_3)_4]SO_4$中离子的鉴别 | $SO_4^{2-}$ | | |
| | $Cu^{2+}$ | | |
| 简单离子和配离子的区别 | (1) | | |
| | (2) | | |

**2. 实训小结：**

（程家蓉）

# 实训四　醇和酚性质的验证与鉴别

## 一、实训目的

1. 验证醇、酚的主要化学性质。
2. 掌握醇和酚的鉴别方法。

## 二、实训内容

①验证醇和酚的主要化学性质；②醇和酚的鉴别。

## 三、实训原理

醇和酚分子中都具有相同的官能团——羟基,因此醇和酚的主要性质体现在羟基上。但由于醇和酚分子结构中,官能团所连接的烃基结构不同,醇和酚的化学性质也有很大差别。

### 1. 醇的性质与鉴定

(1) 与金属钠作用:醇羟基中的 O—H 键是极性键,因此醇与水类似,可与活泼的金属作用,生成醇钠,同时放出氢气。

$$RCH_2OH + Na \longrightarrow RCH_2ONa + \frac{1}{2}H_2\uparrow$$

醇钠遇水迅速水解成醇和氢氧化钠,所以滴入酚酞试液后,溶液显红色。

(2) 与卢卡斯试剂作用:醇分子中的羟基可被卤素原子取代,生成卤代烃。

$$ROH + HX \rightleftharpoons RX + H_2O \quad X=Cl、Br、I$$

与羟基相连的烃基结构不同,反应活性也不相同。当醇与卢卡斯(Lucas)试剂(浓盐酸和无水氯化锌配制成的溶液)反应时,由于反应在浓酸和极性介质中,叔醇立即反应,仲醇反应缓慢,而伯醇几乎不起反应。含 6 个碳原子以下的低级醇可溶于卢卡斯试剂,而反应后生成的氯代烃不溶,因而出现混浊或分层现象,并且仲醇、叔醇与卢卡斯试剂的反应速率比伯醇要快得多。其反应式为

$$\underset{R''}{\overset{R'}{R-C-OH}} + HCl \xrightarrow[\text{室温}]{ZnCl_2} \underset{R''}{\overset{R'}{R-C-Cl}} + H_2O$$

立即混浊

$$\underset{H}{\overset{R'}{R-C-OH}} + HCl \xrightarrow[\text{室温}]{ZnCl_2} \underset{H}{\overset{R'}{R-C-Cl}} + H_2O$$

5~10分钟混浊

$$R-CH_2-OH + HCl \xrightarrow[\text{室温}]{ZnCl_2} R-CH_2-Cl + H_2O$$

数小时不出现混浊

所以可用卢卡斯试剂来鉴别含有 6 个碳原子以下的伯醇、仲醇、叔醇。

(3) 与氧化剂作用:醇分子中由于羟基的影响,使得 $\alpha$-H 原子比较活泼。伯醇和仲醇由于有 $\alpha$-H 原子存在,很容易被氧化;而叔醇没有 $\alpha$-H 原子,在同样条件下则不被氧化。例如用重铬酸钾的硫酸溶液与伯、仲、叔三级醇作用时,伯醇被氧化为羧酸;仲醇被氧化成酮;橘红色的重铬酸钾被还原成绿色的 $Cr^{3+}$,溶液由橘红色转变为绿色,叔醇因不被氧化,溶液的颜色不变。可利用这一性质鉴定叔醇。

$$RCH_2OH + Cr_2O_7^{2-} + 10H^+ \longrightarrow RCOOH + 2Cr^{3+} + 6H_2O$$
（橘红色）　　　　　　　　　　　（绿色）

$$R_2CHOH + Cr_2O_7^{2-} + 12H^+ \longrightarrow R_2C=O + 2Cr^{3+} + 7H_2O$$
（橘红色）　　　　　　　　　（绿色）

$$R_3C-OH + Cr_2O_7^{2-} + H^+ \longrightarrow\!\!\!\!\!\!/$$
（橘红色）

### 2. 酚的性质与鉴定

（1）弱酸性：酚的分子中，由于羟基中的氧原子与苯环形成 p-π 共轭，电子云向苯环偏移，溶于水后可以电离出氢离子，显示弱酸性。

但是苯酚的酸性比碳酸弱。若将苯酚钠与碳酸钠溶液反应，可以析出苯酚。用这种方法可以分离苯酚。苯酚可以和 NaOH 反应，但不与 NaHCO₃ 反应。

$$\text{C}_6\text{H}_5\text{OH} + \text{NaOH} \longrightarrow \text{C}_6\text{H}_5\text{ONa} \begin{cases} \xrightarrow{CO_2 + H_2O} \text{C}_6\text{H}_5\text{OH} + \text{NaHCO}_3 \\ \xrightarrow{HCl} \text{C}_6\text{H}_5\text{OH} + \text{NaCl} \end{cases}$$

$$\text{C}_6\text{H}_5\text{OH} + \text{Na}_2\text{CO}_3 \longrightarrow \times$$

利用醇、酚与 NaOH 和 NaHCO₃ 反应性质的不同，可鉴别、分离酚和醇。

（2）与溴水作用：苯酚与溴水在常温下可立即反应生成 2,4,6-三溴苯酚白色沉淀。反应很灵敏，很稀的苯酚溶液就能与溴水反应生成沉淀。故此反应可用作苯酚的鉴别和定量测定。

$$\text{C}_6\text{H}_5\text{OH} + \text{Br}_2(\text{H}_2\text{O}) \longrightarrow \text{2,4,6-Br}_3\text{C}_6\text{H}_2\text{OH}\downarrow + 3\text{HBr}$$
（白色）

（3）与 FeCl₃ 溶液作用：酚类可以与 FeCl₃ 溶液反应显色，用于鉴别酚类。

（4）酚的氧化：酚类很容易被氧化，无色的苯酚在空气中能逐渐被氧化而显粉红色、红色或暗红色，产物很复杂。多元酚更易被氧化，甚至在室温也能被弱氧化剂所氧化。由于酚类容易被氧化，所以在保存酚及含有酚羟基的药物时，应避免与空气接触，必要时须加抗氧剂。

## 四、实训用品

**1. 仪器**　试管，试管架，试管夹，玻璃棒，量筒，烧杯，洗瓶，酒精灯，乳头滴管，水浴锅，试管干燥器。

**2. 试剂** 无水乙醇，正丁醇，仲丁醇，叔丁醇，乙二醇，丙三醇，酚酞试剂，卢卡斯（Lucas）试剂，苯酚，金属钠，3mol/L $H_2SO_4$ 溶液，10% $CuSO_4$ 溶液，5% NaOH 溶液，0.17mol/L $K_2Cr_2O_7$ 溶液，2.5mol/L NaOH 溶液，0.6mol/L $NaHCO_3$ 溶液，0.5mol/L $Na_2CO_3$ 溶液，1.5mol/L HCl 溶液，0.2mol/L 苯酚，0.2mol/L 邻苯二酚，0.2mol/L 苯甲醇，0.06mol/L $FeCl_3$ 溶液，饱和溴水，0.03mol/L $KMnO_4$ 溶液，pH 试纸。

## 五、实训步骤

**1. 醇的性质与鉴定**

(1)醇钠的生成和水解：取干燥试管 1 支，加入一粒绿豆大小且表面新鲜的金属钠，再加入无水乙醇 10 滴，观察是否有气体放出。

待试管中钠粒完全消失后，加 2 ml 蒸馏水于试管中，再滴加 1 滴酚酞试剂，观察溶液颜色变化。

记录上述实验现象，并解释之。

(2)醇与卢卡斯试剂作用：取 3 支干燥试管，分别加入正丁醇、仲丁醇和叔丁醇各 3 滴，在 50~60℃的水浴中加热 3 分钟左右，然后各加入 10 滴卢卡斯试剂，振荡，观察发生的变化，根据现象比较三者反应速度快慢。此实验可用于伯醇、仲醇、叔醇的鉴别。

(3)醇与重铬酸钾的作用：取试管 4 支，分别加入正丁醇、仲丁醇、叔丁醇和蒸馏水各 5~6 滴。然后在以上 4 支试管中加入 3mol/L $H_2SO_4$ 溶液、0.17mol/L $K_2Cr_2O_7$ 溶液 2~3 滴，振摇，观察和解释变化。

**2. 酚的性质与鉴定**

(1)弱酸性：在试管中加入约 0.3g 苯酚和 3ml 水，振荡并观察其溶解性，并用玻璃棒蘸 1 滴溶液于 pH 试纸上，试验其酸碱性。然后再加热试管，直到苯酚全部溶解。

将上述溶液分装在 3 支试管中，冷却后出现混浊，在其中一支试管中滴加 2.5mol/L NaOH 溶液数滴，振摇，观察是否溶解。再滴加 1.5mol/L HCl 溶液，有何变化？在另 2 支试管中分别加入 0.6mol/L $NaHCO_3$ 溶液和 0.5mol/L $Na_2CO_3$ 溶液，观察是否溶解。

(2)与溴水作用：在一支试管中加入 0.2mol/L 苯酚 2ml，在另一支试管中加入 2ml 蒸馏水，然后在 2 支试管中逐滴加入饱和溴水，振摇，比较 2 支试管中的现象。写出反应式。

(3)与 $FeCl_3$ 溶液的作用：在 3 支试管中分别加入 0.2mol/L 苯酚、0.2mol/L 邻苯二酚、0.2mol/L 苯甲醇各 0.5ml，再各加入 0.06mol/L $FeCl_3$ 溶液 1~2 滴，振摇，观察和记录各试管中所显示的颜色。

(4)酚的氧化：在试管中加入 2.5mol/L NaOH 溶液 5 滴、0.03mol/L $KMnO_4$ 溶液 1~2 滴，再加入 0.2mol/L 苯酚溶液 2~3 滴，振摇，观察并解释现象。

苯酚有毒并有腐蚀性，如不慎沾及皮肤应先用水冲洗，再用酒精擦洗。直到灼伤部位白色消失，然后涂上甘油。

酚属剧毒类细胞原浆毒物。处理方法：低浓度的含酚废液可加入次氯酸钠或漂白粉加热，使酚分解为二氧化碳和水。如果是高浓度的含酚废液，可通过乙酸丁酯萃取，再加少量的氢氧化钠溶液反萃取，经调节 pH 后进行蒸馏回收。处理后的废液方可排放。

## 六、实训思考

1. 醇和酚都含有羟基，为什么具有不同的化学性质？
2. 在卢卡斯试验中，试管中能否有水？为什么？
3. 举例说明具有什么结构的化合物能与 $FeCl_3$ 溶液发生显色反应？

## 七、实训评价

| 测试项目 | 指标分值 | 测评标准 | | | | 得分 |
| --- | --- | --- | --- | --- | --- | --- |
| | | 完全达到 | 基本达到 | 部分达到 | 少量达到 | |
| 实验操作 | 2 | 1. 液体试剂的取用和滴加<br>2. 用 pH 试纸试验溶液的酸碱性 | | | | |
| 实验现象 | 4 | 1. 醇的氧化反应<br>2. 醇与卢卡斯试剂反应<br>3. 酚类与 $FeCl_3$ 溶液的显色反应<br>4. 酚的氧化<br>5. 苯酚与溴水的反应<br>6. 实训设计方案 | | | | |
| 实验态度 | 2 | 1. 遵守实验、实训规章制度，遵守安全守则<br>2. 实验服保持清洁，认真操作，不高声谈笑 | | | | |
| 实验习惯 | 2 | 1. 台面整洁，仪器摆放有序，爱护仪器，节约试剂<br>2. 操作规范，有条不紊，实训报告书写标准<br>3. 实验结束，能做好收尾工作 | | | | |
| 总分 | | | | | | |

测试时间：　　年　　月　　日　　　　　评价教师：

## 八、实训报告

实训名称：　　　　　实训日期：　　　　　实训成绩：

**1. 实训记录：**

| 实训项目 | 现象 | 解释或结论 |
| --- | --- | --- |
| 醇钠的生成和水解 | | |
| 醇的氧化反应 | | |
| 卢卡斯实验 | | |

| 实训项目 | 现象 | 解释或结论 |
|---|---|---|
| 酚的溶解性和弱酸性 | | |
| 酚类与 FeCl₃ 溶液的显色反应 | | |
| 苯酚与溴水反应 | | |
| 酚的氧化 | | |

**2. 实训设计**（设计一方案鉴别下列各组有机化合物）：

(1) 乙醇和甘油　　　　　　　　(2) 仲丁醇和正丁醇

(3) 苯甲醇和苯酚　　　　　　　(4) 仲丁醇和叔丁醇

**3. 实训小结：**

（蒋　文）

# 实训五　醛和酮的性质与鉴别

## 一、实训目的

1. 验证醛、酮的主要化学性质。
2. 掌握醛、酮的鉴别方法。

## 二、实训内容

①验证醛和酮的主要化学性质；②醛和酮的鉴别。

## 三、实训原理

**1. 加成反应**　醛、酮的羰基与碳碳双键类似，也是由一个 σ 键和一个 π 键组成，因此也能发生加成反应。例如，醛和酮可以与许多氮的衍生物（如羟胺、肼、2,4-二硝基苯肼等）发生亲核加成反应，并进一步脱水形成含有碳氮双键结构的化合物。其反应过程可用通式表示如下($H_2N-G$ 代表氨的衍生物)：

$$\begin{matrix} R \\ (R')H \end{matrix} C=O + H_2N-G \longrightarrow \left[ \begin{matrix} R \\ (R')H \end{matrix} C \begin{matrix} OH \\ NH-G \end{matrix} \right] \xrightarrow{-H_2O} \begin{matrix} R \\ (R')H \end{matrix} C=N-G$$

该缩合产物大多有一定的熔点和晶形，容易鉴别，尤其是 2,4-二硝基苯肼，它几乎能与所有的醛和酮迅速发生反应，生成橙黄或橙红色的晶体，因此常用于鉴别醛、酮。

**2. 碘仿反应**  醛、酮分子中与羰基相连的 α-C 原子上的氢原子，因受羰基的影响而变得活泼，称为 α-活泼氢(α-H)，具有 α-H 的醛和酮可发生一系列反应，如卤代反应和碘仿反应。

在酸或碱的催化下，卤素($Cl_2$、$Br_2$、$I_2$)与醛酮分子中的 α-H 可迅速反应，生成 α-卤代醛酮，如果控制卤素的用量，可停止在一元或二元阶段。利用这个反应可以制备各种卤代醛酮。

如果醛或酮的 α-C 原子上有 3 个氢原子时(如乙醛和甲基酮)，在碱催化下，卤代反应生成三卤代物，三卤代物在碱性溶液中不稳定，立即分解成三卤甲烷(卤仿)和羧酸盐，称为卤仿反应。常用的卤素是碘，反应产物则为碘仿，其反应就称为碘仿反应。碘仿是不溶于水的黄色固体，并有特殊气味，易于观察。因此常用碘和氢氧化钠溶液来鉴别乙醛或甲基酮。

碘仿反应过程可表示为

$$CH_3-\overset{O}{\underset{\|}{C}}-R(H) \xrightarrow{I_2, NaOH} CI_3-\overset{O}{\underset{\|}{C}}-R(H) \xrightarrow{NaOH} CHI_3\downarrow + (H)R-COO^-$$

实验表明：具有 $CH_3CH(OH)-R(H)$ 结构的醇也可以像乙醛或甲基酮一样，与次碘酸钠(NaOI)发生碘仿反应。

**3. 氧化反应**  在醛分子中，醛基上氢原子由于受羰基的影响变得比较活泼，能被弱氧化剂(如托伦试剂和斐林试剂)所氧化。

(1) 与托伦试剂作用：托伦试剂是一种无色的银氨配合物溶液，其中 $Ag^+$ 起着氧化剂作用，当它与醛共热时，醛被氧化为羧酸，而它本身被还原为金属银，其反应式表示为

$$(Ar)RCHO + 2[Ag(NH_3)_2]^+ + 2OH^- \xrightarrow{\triangle} (Ar)RCOONH_4 + 2Ag\downarrow + H_2O + 3NH_3\uparrow$$

析出的银附着在洁净试管内壁上，形成光亮的银镜，因此该反应也称为银镜反应。酮不能被托伦试剂氧化，可利用这一反应区别醛和酮。

(2) 与斐林试剂作用：斐林试剂含有 $Cu^{2+}$ 的配离子，它具有弱氧化性，可将脂肪醛氧化成相应的羧酸，而 $Cu^{2+}$ 被还原为砖红色的氧化亚铜($Cu_2O$)沉淀。甲醛因还原性强，可进一步把氧化亚铜还原为铜，在洁净的试管内壁上形成铜镜。其反应式可表示为

$$RCHO + Cu^{2+}(配离子) \xrightarrow{\triangle} RCOO^- + Cu_2O\downarrow + H_2O$$

$$HCHO + Cu^{2+}(配离子) \xrightarrow{\triangle} HCOO^- + Cu\downarrow + H_2O$$

只有脂肪醛能被斐林试剂氧化，酮和芳香醛则不能，因此可用斐林试剂鉴别脂肪醛与

芳香醛、脂肪醛与酮。

**4. 醛与希夫试剂作用** 品红是一种红色的染料，将二氧化硫通入品红的水溶液中后，品红的红色褪去，得到的无色溶液称为品红亚硫酸试剂，又称希夫(Schiff)试剂。醛与希夫试剂作用可显紫红色，这一显色反应非常灵敏，所以可用这种试剂来鉴别醛类化合物。使用希夫试剂时，溶液中不能有碱性物质和氧化剂，否则会消耗试剂中的亚硫酸，使溶液恢复品红的颜色，而出现假阳性。

**5. 丙酮与亚硝酰铁氰化钠溶液作用** 利用丙酮与亚硝酰铁氰化钠溶液、氢氧化钠溶液反应生成红色的物质可以鉴别丙酮。

## 四、实训用品

**1. 仪器** 试管，250ml 烧杯，100℃ 温度计，石棉网，酒精灯。

**2. 试剂** 甲醛，乙醛，苯甲醛，丙酮，乙醇，2,4-二硝基苯肼试剂，碘试剂，1.25mol/L 氢氧化钠溶液，0.05mol/L 硝酸银溶液，0.5mol/L 氨水，斐林试剂 A 液(0.2mol/L 硫酸铜溶液)，斐林试剂 B 液(0.8mol/L 酒石酸钾钠的氢氧化钠溶液)，希夫试剂。

## 五、实训步骤

**1. 与 2,4-二硝基苯肼的反应** 取 4 支试管，分别加入 3 滴甲醛、乙醛、丙酮、苯甲醛，每支试管中加入 2,4-二硝基苯肼试剂 10 滴，充分振摇后，静置片刻，观察并记录现象，解释发生的变化。

**2. 碘仿反应** 取 4 支试管，分别加入甲醛、乙醛、乙醇和丙酮 5 滴，再各加入碘试剂 10 滴，然后分别滴加 1.25mol/L 氢氧化钠溶液至碘的颜色恰好褪去，反应液呈微黄色为止。振摇，观察有无沉淀析出。将没有沉淀析出的试管置于温水浴温热数分钟，冷却后再观察，记录并解释发生的变化。

进行碘仿反应时应注意，样品不能过多，否则生成的碘仿会溶于醛、酮中。另外滴加氢氧化钠溶液时也不能过量，加到溶液呈淡黄色(有微量的碘存在)即可。

**3. 银镜反应** 在试管中加入 0.05mol/L 硝酸银溶液 2ml，再加入 1.25mol/L 氢氧化钠溶液 1 滴，然后在振摇下滴加 0.5mol/L 氨水，直至生成的沉淀恰好溶解为止(即得托伦试剂)。将配制好的澄清透明的托伦试剂分装在 4 支洁净的试管中，再分别滴入 2 滴甲醛、乙醛、丙酮和苯甲醛，摇匀(加入苯甲醛的试管需充分振摇)，然后放在 60℃ 左右的水浴中加热。观察并解释发生的变化。

进行银镜反应时要将试管洗涤干净，加入碱液时不要过量，否则会影响实验效果，另外反应时必须采用水浴加热，以防会生成具有爆炸性的雷酸银而发生意外。实训完毕，用稀硝酸洗涤银镜。

**4. 斐林反应** 在试管中各加入 2ml 斐林试剂 A 液和斐林试剂 B 液，混合均匀(即得斐林试剂)，然后分装到 4 支洁净的试管中，再分别加入甲醛、乙醛、丙酮和苯甲醛 2 滴，振摇，放在 80℃水浴中加热 2~3 分钟，观察和解释发生的变化。

进行斐林反应时，因为斐林试剂不稳定，用时等量混合。斐林试剂与醛反应，溶液颜色由蓝色转绿变黄而生成砖红色的氧化亚铜(甲醛反应后生成金属铜)。芳香醛和酮不能与斐林试剂反应。但斐林试剂加热时间长了也会产生砖红色的氧化亚铜沉淀，不可误认为芳香醛、酮也与之发生反应。

**5. 希夫反应** 取 4 支试管，分别加入甲醛、乙醛、乙醇和丙酮 5 滴，然后各加入希夫试剂 10 滴，观察并解释发生的变化。

进行希夫反应时，应在冷溶液和酸性条件下进行反应，因为希夫试剂不能受热，溶液中不能含有碱性物质，否则二氧化硫会逸去而恢复品红的颜色，出现假阳性。

**6. 与亚硝酰铁氰化钠反应** 取 2 支试管，各加入 0.05 mol/L 亚硝酰铁氰化钠溶液 $\{Na_2[Fe(CN)_5NO]\}$ 10 滴和 1.25mol/L 氢氧化钠溶液 5 滴，摇匀，再分别加入乙醛和丙酮各 10 滴，观察并解释发生的变化。

## 六、实训思考

1. 醛和酮的性质有哪些异同之处？可用哪些试剂鉴别它们？
2. 进行碘仿反应时，为什么要控制碱的量？
3. 醛与托伦试剂反应为什么要在碱性溶液中进行？

## 七、实训评价

| 测试项目 | 指标分值 | 测评标准 | | | | 得分 |
| --- | --- | --- | --- | --- | --- | --- |
| | | 完全达到 | 基本达到 | 部分达到 | 少量达到 | |
| 试剂的配制 | 2 | 1. 托伦试剂的配制<br>2. 斐林试剂的配制 | | | | |
| 实验现象 | 4 | 1. 与2,4-二硝基苯肼的反应<br>2. 碘仿反应<br>3. 银镜反应<br>4. 斐林反应<br>5. 希夫反应<br>6. 与亚硝酰铁氰化钠反应 | | | | |
| 实验态度 | 2 | 1. 遵守实验、实训规章制度，遵守安全守则<br>2. 实验服保持清洁，认真操作，不高声谈笑 | | | | |
| 实验习惯 | 2 | 1. 台面整洁，仪器摆放有序，爱护仪器，节约试剂<br>2. 操作规范，有条不紊，实训报告书写标准<br>3. 实验结束，能做好收尾工作 | | | | |
| 总分 | | | | | | |

测试时间： 年 月 日 评价教师：

## 八、实训报告

实训名称：　　　　　　　　实训日期：　　　　　　　　实训成绩：

**1. 实训记录：**

| 实训项目 | | 现象 | 解释或结论 |
|---|---|---|---|
| 与 2,4-二硝基苯肼的反应 | 1# | | |
| | 2# | | |
| | 3# | | |
| | 4# | | |
| 碘仿反应 | 1# | | |
| | 2# | | |
| | 3# | | |
| | 4# | | |
| 银镜反应 | 1# | | |
| | 2# | | |
| | 3# | | |
| | 4# | | |
| 斐林反应 | 1# | | |
| | 2# | | |
| | 3# | | |
| | 4# | | |
| 希夫反应 | 1# | | |
| | 2# | | |
| | 3# | | |
| | 4# | | |
| 与亚硝酰铁氰化钠反应 | 1# | | |
| | 2# | | |

**2. 实训设计**（设计一方案鉴别下列各组有机化合物）：
（1）乙醇和丙酮　　　　　　（2）乙醛和乙醇
（3）苯甲醛和乙醛　　　　　（4）乙醛和丙酮

**3. 实训小结：**

（蒋　文）

## 实训六　羧酸和取代羧酸的性质与鉴别

## 一、实训目的

1. 验证羧酸和取代羧酸的主要化学性质。
2. 掌握羧酸和取代羧酸的鉴别方法。

## 二、实训内容

①验证羧酸和取代羧酸的主要化学性质；②掌握羧酸和取代羧酸的鉴别方法。

## 三、实训原理

**1. 羧酸的性质**

(1) 酸性与成盐反应：羧酸分子中由于羧基中羟基氧上的孤对电子和羰基形成 p-π 共轭体系，电子向羰基转移，增大了氢氧键极性，氢易以质子形式解离，故显酸性，可与氢氧化钠和碳酸氢钠作用生成水溶性的羧酸盐。所以羧酸既能溶于氢氧化钠溶液，也能溶于碳酸氢钠溶液，可以此作为鉴定羧酸的重要依据。某些酚类，特别是芳环上有强吸电子基的酚类具有与羧酸类似的酸性，可通过与氯化铁的显色反应来加以区别。

(2) 还原性：甲酸分子中的羧基与一个氢原子相连，草酸分子中是两个羧基直接相连，由于结构特殊，它们都具有较强的还原性。甲酸可被托伦试剂氧化，发生银镜反应；草酸能被高锰酸钾定量氧化，常用作高锰酸钾的定量分析。

(3) 酯化反应：羧酸与醇作用生成酯和水的反应，称为酯化反应。

$$R-\overset{O}{\underset{\|}{C}}-OH + HO-R' \underset{}{\overset{H^+}{\rightleftharpoons}} R-\overset{O}{\underset{\|}{C}}-O-R' + H_2O$$

酯化反应是可逆反应。酯化反应需要在强酸（如浓硫酸）催化下加热进行，反应的速率一般较慢。

(4) 脱羧反应：羧酸失去羧基放出 $CO_2$ 的反应称为脱羧反应。饱和一元羧酸很难发生脱羧反应，二元羧酸容易发生脱羧反应，加热至其熔点时，就生成少一个碳原子的一元羧酸。例如：

$$\begin{matrix} COOH \\ | \\ COOH \end{matrix} \xrightarrow{160\sim180℃} HCOOH + CO_2$$

乙二酸　　　　　　　　　甲酸

$$HOOCCH_2COOH \xrightarrow{140\sim160℃} CH_3COOH + CO_2$$

丙二酸　　　　　　　　　乙酸

**2. 羟基酸的性质**　羟基酸属于多官能团化合物，既有醇、酚和羧酸的通性，还具有分子中不同官能团相互影响的一些特殊性质。

(1) 酸性：羧基具有酸性，可以与碱反应生成盐、与醇反应生成酯；由于羟基和羧基的相互影响，羟基酸又具有特殊性，这些特殊性又因两官能团的相对位置不同而表现出明显的差异。

(2) 氧化性：由于羧基和羟基的相互影响，醇酸中的羟基比醇中的羟基更易发生氧化反应。稀硝酸一般不能氧化醇，但却能氧化醇酸生成醛酸、酮酸或二元酸。托伦试剂不与醇反应，却能将 $\alpha$-羟基酸氧化成 $\alpha$-酮酸。例如：

$$HOCH_2COOH \xrightarrow{稀HNO_3} OHCCOOH \xrightarrow{稀HNO_3} HOOCCOOH$$

$$CH_3-\underset{\underset{OH}{|}}{CH}-COOH \xrightarrow{托伦试剂} CH_3-\underset{\underset{O}{\|}}{C}-COOH + Ag\downarrow$$

## 四、实训用品

**1. 仪器** 试管，150ml、250ml 烧杯，100ml 锥形烧瓶，酒精灯，水浴箱，导气管。

**2. 试剂** 2.5mol/L 氢氧化钠溶液，饱和石灰水，浓硫酸，0.05mol/L 硝酸银($AgNO_3$)溶液，水杨酸，酒石酸，甲酸，乙酸，草酸，pH 试纸，乳酸，甲醇，丙酮酸，苯甲酸，1.5mol/L 盐酸，0.5%高锰酸钾($KMnO_4$)溶液，3mol/L 硫酸，0.5mol/L 氨水。

## 五、实训步骤

**1. 羧酸和取代羧酸的酸性** 取试管 6 支，分别加入甲酸、乙酸、乳酸各 1~2 滴，草酸、酒石酸、丙酮酸各少许。然后各加入水 1ml，振摇，观察。最后用精密 pH 试纸测每一种酸的酸性，观察并解释其结果。

**2. 羧酸的性质**

(1) 成盐反应：取 0.2g 苯甲酸晶体放入盛有 1ml 水的试管中，加入 2.5mol/L 氢氧化钠溶液数滴，振荡并观察现象。然后再加 1.5mol/L 盐酸数滴，振荡并观察现象。

(2) 还原性：在 3 支试管中分别放置 0.5ml 甲酸、0.5ml 乙酸及由 0.2g 草酸和 1ml 水所配成的溶液，然后分别加入 1~2 滴 3mol/L 硫酸和 2~3 滴 0.5%高锰酸钾溶液，沸水浴加热，观察现象，比较反应速率。

(3) 酯化反应：在干燥的小锥形烧瓶中，溶解 0.5g 水杨酸于 5ml 甲醇中，加入 5 滴浓硫酸，不断振摇，在水浴中温热 10 分钟，然后把混合物倒入装有 10g 冰的小烧杯中，充分振摇，观察液面有无分层现象。注意产品外观和气味，解释实训结果。

(4) 脱羧反应：在装有导气管的干燥硬质大试管中，放入固体草酸 2~3g，将试管稍微倾斜，夹在铁架上，然后加热，导气管插入另一盛有饱和石灰水的小试管或小烧杯中，观察石灰水的变化。

**3. 取代羧酸的性质** 乳酸的氧化反应：在大试管中加入 0.05mol/L 硝酸银溶液 2ml，再加入 2.5mol/L 氢氧化钠溶液 1 滴，然后在振摇下滴加 0.5mol/L 氨水，直至生成的沉淀恰好溶解为止（即得托伦试剂），取乳酸 2ml 加入其中，摇匀后放在 60℃左右的水浴中加热。观察并解释发生的变化。

## 六、实训思考

1. 为何多元酸比一元酸酸性强？
2. 为什么甲酸能发生银镜反应？
3. 羟基酸中羟基的位置对其酸性有何影响？

## 七、实训评价

| 测试项目 | 指标分值 | 测评标准 | | | | 得分 |
|---|---|---|---|---|---|---|
| | | 完全达到 | 基本达到 | 部分达到 | 少量达到 | |
| 基本操作 | 2 | 1. 液体试剂的滴加是否正确<br>2. 精密 pH 试纸的使用是否正确 | | | | |
| | | | | | | |
| 实验现象 | 4 | 1. 羧酸的成盐反应是否正确<br>2. 羧酸的还原性试验中现象是否明显<br>3. 羧酸的脱羧反应现象是否明显<br>4. 酯化反应是否出现酯<br>5. 乳酸的氧化反应是否出现银镜 | | | | |
| | | | | | | |
| 实验态度 | 2 | 1. 遵守实验、实训规章制度，遵守安全守则<br>2. 实验服保持清洁，认真操作，不高声谈笑 | | | | |
| 实验习惯 | 2 | 1. 台面整洁，仪器摆放有序，爱护仪器，节约试剂<br>2. 操作规范，有条不紊，实训报告书写标准<br>3. 实验结束，能做好收尾工作 | | | | |
| 总分 | | | | | | |

测试时间：　　年　　月　　日　　　　　　　　评价教师：

## 八、实训报告

**实训名称：**　　　　　　　　**实训日期：**　　　　　　　　**实训成绩：**

**1. 实训记录：**

| 实训项目 | 现象 | | 解释或结论 |
|---|---|---|---|
| 羧酸、取代羧酸的酸性 | 甲酸 | pH = | |
| | 乙酸 | pH = | |
| | 乳酸 | pH = | |
| | 草酸 | pH = | |
| | 酒石酸 | pH = | |
| | 丙酮酸 | pH = | |

续表

| 实训项目 | 现象 | 解释或结论 |
|---|---|---|
| 羧酸的成盐反应 | | |
| 羧酸的还原性 | | |
| 酯化反应 | | |
| 羧酸的脱羧反应 | | |
| 乳酸的氧化反应 | | |

**2. 实训设计**(设计一个方案鉴别下列各组有机化合物)：

(1) 甲酸和乙酸  (2) 水杨酸和苯甲酸
(3) 乙醇和乙酸  (4) 乙酸和草酸

**3. 实训小结:**

(蒋 文)

# 实训七 葡萄糖溶液旋光度的测定

## 一、实训目的

1. 了解旋光仪的构造，熟悉旋光仪的使用。
2. 能计算比旋光度。
3. 完成旋光度的测定。

## 二、实训内容

①认识旋光仪的构造，熟悉旋光仪的使用；②测定葡萄糖溶液旋光度。

## 三、实训原理

按物质是否具有光学活性，可将物质分为两大类。一类具有使偏振光的振动平面旋转的性质，如乳酸、葡萄糖等，称为旋光性物质或光学活性物质。另一类对偏振光不发生影响，没有旋光性。旋光度是指光学活性物质使偏振光的振动平面旋转的角度。

物质的旋光度与溶液的浓度、溶剂、温度、旋光测定管长度和所用光源的波长等都有关系，所以常用比旋光度 $[\alpha]_D^t$ 来表示各物质的旋光性。

$$[\alpha]_D^t = \frac{\alpha}{1 \times c}$$

式中，$\alpha$ 为实验测定的旋光度；$t$ 为测定时的温度(℃)；$D$ 为旋光仪使用的光源——钠光(D-线，波长 589nm)；$l$ 为旋光管的长度(dm)；$c$ 表示待测溶液的浓度(g/ml，纯液体用密度 g/ml)。

在一定条件下，旋光性物质的比旋光度与物质的熔点、沸点、密度一样，也是一种物理常数。旋光度对于鉴定未知旋光性化合物的旋光方向和旋光能力的大小及确证已知旋光性化合物的纯度非常有用。

## 四、实训用品

**1. 仪器**　目测旋光仪，150ml 烧杯，100ml 容量瓶，温度计，分析天平。
**2. 试剂**　葡萄糖，蒸馏水。

## 五、实训步骤

**1. 旋光仪预热**　先接通电源，开启旋光仪上的电源开关，预热 5 分钟，使钠光灯发光强度稳定。

**2. 旋光仪零点校正**　在测定样品前，必须先校正旋光仪的零点。将旋光仪中的旋光管冲洗干净，装上蒸馏水使液面凸出管口，将玻璃管盖沿管口边缘轻轻平推盖好，不能留有气泡。旋上螺丝帽盖，使其不漏水。将旋光管擦干，放入旋光仪内，罩上盖子，打开钠光灯，调节仪器的目镜的焦点，使旋钮向左或向右旋转时，光域的中心明暗界线清晰、锐利。然后旋转旋钮使光域中心两边明暗一致。记录读数，重复操作至少 5 次，取平均值。

**3. 旋光度的测定**　准确称取葡萄糖 10.0000g，在 100ml 容量瓶中配成澄清透明的溶液。

先用溶液润洗测定管 2 次。按"2. 旋光仪零点校正"的操作将溶液装入测定管中，测定旋光度。再旋转旋钮使光域两边的明暗一致，读数。重复 5 次操作，取平均值。该读数与零点之间的差值即为该葡萄糖溶液的旋光度。

记录测定管的长度，测定时溶液的温度。待旋光度稳定后，按公式计算葡萄糖的比旋光度。

注意观察葡萄糖溶液的变旋光现象。

**4. 结束测定**　全部测定结束后，取出旋光管，倒出溶液，洗净备用，关闭旋光仪。

## 六、实训思考

1. 旋光性物质的旋光方向与构型之间有必然的联系吗?
2. 旋光仪零点如何校正?
3. 旋光度与哪些因素有关?

## 七、实训评价

| 测试项目 | 指标分值 | 测评标准 | | | | 得分 |
| --- | --- | --- | --- | --- | --- | --- |
| | | 完全达到 | 基本达到 | 部分达到 | 少量达到 | |
| 实验操作 | 6 | 1. 旋光仪预热<br>2. 旋光测定管的准备<br>3. 蒸馏水及样品液的装样<br>4. 旋光仪零点的校正<br>5. 样品溶液的配制<br>6. 样品溶液的测定读数<br>7. 实验数据的处理 | | | | |
| 实验态度 | 2 | 1. 遵守实验、实训规章制度,遵守安全守则<br>2. 实验服保持清洁,认真操作,不高声谈笑 | | | | |
| 实验习惯 | 2 | 1. 台面整洁,仪器摆放有序,爱护仪器,节约试剂<br>2. 操作规范,有条不紊,实训报告书写标准<br>3. 实验结束,能做好收尾工作 | | | | |
| 总分 | | | | | | |

测试时间:　　年　月　日　　　　　　　　　评价教师:

## 八、实训报告

实训名称:　　　　　　实训日期:　　　　　　实训成绩:

**1. 实训记录:**

| 样品名称 | 溶液温度(℃) | 光源波长(nm) | 溶液的浓度(g/ml) | α(平均值) |
| --- | --- | --- | --- | --- |

**2. 计算葡萄糖溶液的比旋光度:**

**3. 实训小结：**




（蒋　文）

# 实训八　糖类化合物的性质与鉴别

## 一、实训目的

1. 验证糖类化合物的主要化学性质。
2. 了解糖类化合物的鉴别方法。

## 二、实训内容

糖类化合物的性质与鉴别。

## 三、实训原理

**1. 糖的还原性**　根据糖有无还原性可将糖分为还原糖与非还原糖。

糖分子中若有苷羟基，能被托伦试剂、斐林试剂、班氏试剂所氧化生成复杂的氧化产物。同时，托伦试剂被还原生成银，出现银镜；斐林试剂、班氏试剂被还原为砖红色的氧化亚铜沉淀。因为酮糖能在碱性溶液中异构转化为醛糖，从而被氧化，所以单糖都是还原性糖。

分子中无苷羟基的糖，如蔗糖无此性质，则被称为非还原糖。

在多糖的分子结构中，苷羟基的数目极少，所以也无还原性。

双糖和多糖可以水解为具有还原性的单糖。

**2. 糖的颜色反应**

（1）莫立许（Molisch）反应：在糖的水溶液中加入 α-萘酚的乙醇溶液，然后沿容器壁慢慢加入浓硫酸，不得振摇，在浓硫酸和糖溶液的交界面很快出现紫色环，此反应称为莫立许反应。所有糖，包括单糖、低聚糖和多糖，都能发生此反应，而且反应灵敏，常用于糖类物质的鉴定。

（2）塞利凡诺夫（Seliwanoff）反应：塞利凡诺夫试剂是间苯二酚与盐酸的混合溶液。在酮糖（如果糖或蔗糖）的溶液中，加入塞利凡诺夫试剂，加热后溶液很快出现红色。在相同的时间内，醛糖反应速率很慢，以致观察不出它的变化。所以此反应可以用于鉴别酮糖和醛糖。

（3）淀粉与碘反应：直链淀粉与碘作用呈蓝色，加热后蓝色消失，冷却后又重新显色，这个反应非常灵敏。支链淀粉与碘作用呈紫色。天然淀粉都是直链淀粉和支链淀粉的混合物。所以天然淀粉与碘作用呈现出的颜色是两种颜色的混合蓝紫色。但蓝色与紫色在一起时，一般只能显示出蓝色，因此习惯上认为淀粉遇碘显蓝色。

**3. 蔗糖和淀粉的水解** 蔗糖在酸的作用下水解后得到葡萄糖和果糖；淀粉在稀酸或酶的作用下，最终水解成葡萄糖。

## 四、实训用品

**1. 仪器** 试管，试管夹，水浴锅，酒精灯，白瓷点滴板，滴管，玻璃棒。

**2. 试剂** 0.1mol/L 葡萄糖溶液，0.1mol/L 果糖溶液，0.05mol/L 蔗糖溶液，0.3mol/L 蔗糖溶液，0.05mol/L 麦芽糖溶液，20g/L 淀粉溶液，碘试剂，浓盐酸，浓硫酸，浓硝酸，1mol/L 碳酸钠溶液，2.5mol/L 氢氧化钠溶液，班氏试剂，莫立许试剂，塞利凡诺夫试剂，0.3mol/L 硝酸银溶液，3mol/L 氨水，斐林试剂 A 液（0.2mol/L 硫酸铜），斐林试剂 B 液（0.8mol/L 酒石酸钾钠的氢氧化钠溶液）。

## 五、实训步骤

**1. 糖的还原性**

（1）与托伦试剂的反应：取 5 支洁净的试管，编号，各加 0.3mol/L 硝酸银溶液 1ml，分别逐滴加入 3mol/L 氨水至沉淀刚好消失，再分别滴入 0.1mol/L 葡萄糖溶液、0.1mol/L 果糖溶液、0.05mol/L 蔗糖溶液、0.05mol/L 麦芽糖溶液、20g/L 淀粉溶液各 5 滴，摇匀，放在水浴中加热数分钟，观察并解释所发生的变化。

（2）与斐林试剂的反应：取斐林试剂 A 和 B 各 2.5ml 混合均匀后，分装于 5 支试管，编号，放在水浴中微热，再分别滴入上述的 5 种糖溶液各 5 滴，摇匀，放在水浴中加热数分钟，观察并解释所发生的变化。

（3）与班氏试剂的反应：取试管 5 支，编号，各加班氏试剂 1ml，再分别滴入上述的 5 种糖溶液各 5 滴，摇匀，放在水浴中加热 2～3 分钟，观察并解释所发生的变化。

**2. 糖的颜色反应**

（1）莫立许反应：取试管 5 支，编号，分别滴入 0.1mol/L 葡萄糖溶液、0.1mol/L 果糖溶液、0.05mol/L 蔗糖溶液、0.05mol/L 麦芽糖溶液、20g/L 淀粉溶液各 1ml，再分别加入莫立许试剂 2 滴，摇匀。把盛有糖溶液的试管倾斜 45°，沿管壁慢慢地加入浓硫酸 1ml，使硫酸与糖溶液之间有明显的分层，观察两层之间的颜色变化。数分钟内如无紫色环出现，可在水浴中温热后再观察变化（切勿振荡），观察并解释所发生的变化。

（2）塞利凡诺夫反应：取试管 5 支，编号，各加塞利凡诺夫试剂 1ml，再分别滴入上述 0.1mol/L 葡萄糖溶液、0.1mol/L 果糖溶液、0.05mol/L 蔗糖溶液、0.05mol/L 麦芽糖溶液、20g/L 淀粉溶液各 5 滴，摇匀，放在沸水浴中加热 2 分钟，观察并解释所发生的变化。

（3）淀粉与碘的反应：取 1 支试管，加入 20g/L 淀粉溶液 1 滴、4ml 蒸馏水和 1 滴碘试剂，观察颜色的变化。将此溶液加热至沸，然后再冷却，观察颜色的变化。记录并解释发生的现象。

**3. 蔗糖和淀粉的水解**

(1)取试管 1 支，加入 0.3mol/L 蔗糖溶液 4ml，浓盐酸 1 滴，摇匀，放在沸水浴中加热 3~5 分钟，放冷，取出 2ml，用 2.5mol/L 氢氧化钠溶液中和至碱性，再加班氏试剂 1ml，摇匀，放在水浴中加热，观察并解释所发生的变化。

(2)取试管 1 支，加入 20g/L 淀粉溶液 4ml，浓盐酸 1 滴，摇匀，放在沸水浴中加热至取出少许，用碘溶液试验不变色为止。取出 2ml，用 2.5mol/L 的氢氧化钠溶液中和至碱性，再加班氏试剂 1ml，摇匀，放在水浴中加热，观察并解释所发生的变化。

## 六、实训思考

1. 鉴别果糖与蔗糖可采用哪些方法？
2. 如何检查多糖是否开始水解及是否水解完全？

## 七、实训评价

| 测试项目 | 指标分值 | 测评标准 | | | | 得分 |
| --- | --- | --- | --- | --- | --- | --- |
| | | 完全达到 | 基本达到 | 部分达到 | 少量达到 | |
| 实验操作 | 6 | 1. 托伦试剂的配制<br>2. 与托伦试剂反应的现象<br>3. 与斐林试剂反应的现象<br>4. 与莫立许试剂反应的实验现象<br>5. 塞利凡诺夫试剂反应的实验现象<br>6. 与碘试剂反应的现象<br>7. 蔗糖和淀粉水解的现象 | | | | |
| 实验态度 | 2 | 1. 遵守实验、实训规章制度，遵守安全守则<br>2. 实验服保持清洁，认真操作，不高声谈笑 | | | | |
| 实验习惯 | 2 | 1. 台面整洁，仪器摆放有序，爱护仪器，节约试剂<br>2. 操作规范，有条不紊，实训报告书写标准<br>3. 实验结束，能做好收尾工作 | | | | |
| 总分 | | | | | | |

测试时间： 年 月 日　　　　　　　　　　　评价教师：

## 八、实训报告

实训名称：　　　　　　实训日期：　　　　　　实训成绩：

**1. 实训记录：**

| 实训项目 | | 现象 | 解释或结论 |
|---|---|---|---|
| 糖的还原性 | 与托伦试剂的反应 | 1#<br>2#<br>3#<br>4#<br>5# | |
| | 与斐林试剂的反应 | 1#<br>2#<br>3#<br>4#<br>5# | |
| | 与班氏试剂的反应 | 1#<br>2#<br>3#<br>4#<br>5# | |
| 糖的颜色反应 | 莫立许反应 | 1#<br>2#<br>3#<br>4#<br>5# | |
| | 塞利凡诺夫反应 | 1#<br>2#<br>3#<br>4#<br>5# | |
| | 淀粉与碘的反应 | | |
| 蔗糖和淀粉的水解 | 蔗糖的水解 | | |
| | 淀粉的水解 | | |

**2. 实训设计**（设计一方案鉴别下列各组有机化合物）：

(1) 葡萄糖和果糖　　　　　　　　(2) 葡萄糖和蔗糖

(3) 淀粉和蔗糖　　　　　　　　　(4) 果糖和蔗糖

**3. 实训小结：**

（蒋　文）

# 实训九　盐酸标准溶液的配制和标定

## 一、实训目的

1. 掌握盐酸(HCl)标准溶液的配制和标定方法。
2. 能正确使用酸式滴定管、电子天平。
3. 练习滴定操作，掌握甲基橙指示剂的颜色变化，能初步掌握确定滴定终点的方法。

## 二、实训内容

①盐酸标准溶液的配制和标定；②学习标签的填写。

## 三、实训原理

酸碱滴定中常用 HCl 溶液做标准溶液(滴定剂)。由于浓盐酸易挥发，不能用直接法配制标准溶液。因此，只能先配制接近所需浓度的溶液，然后用基准物或已知准确浓度的标准溶液测量其准确浓度。

用来标定 HCl 溶液常用的基准物质是无水 $Na_2CO_3$、硼砂($Na_2B_2O_7 \cdot 10H_2O$)。用无水 $Na_2CO_3$ 标定 HCl 溶液时，其反应式为

$$Na_2CO_3 + 2HCl == 2NaCl + H_2O + CO_2\uparrow$$

选用甲基橙指示剂。根据称取的无水 $Na_2CO_3$ 的质量和滴定所消耗的 HCl 溶液的体积，计算出 HCl 溶液的准确浓度。

在化学计量点时：$C_{HCl}V_{HCl} = \dfrac{2}{1} \cdot \dfrac{m_{Na_2CO_3}}{M_{Na_2CO_3}}$

$$C_{HCl} = \dfrac{2}{1} \cdot \dfrac{1000 m_{Na_2CO_3}}{105.99 V_{HCl}}$$

## 四、实训用品

**1. 仪器**　10ml 量筒，500ml 试剂瓶，250ml 锥形瓶，50ml 烧杯，50ml 酸式滴定管，称量瓶，滴定管架，洗瓶，洗耳球，玻璃棒，电子天平。

**2. 试剂**　浓盐酸(AR)，无水 $Na_2CO_3$，甲基橙指示剂。

## 五、实训步骤

**1. 盐酸标准溶液的配制**

(1)根据 $C_1V_1=C_2V_2$，计算配制 500ml 0.1mol/L 盐酸标准溶液所需浓盐酸的体积(4.2ml)。

(2)用洁净小量筒量取所需浓盐酸倒入洁净试剂瓶中,加蒸馏水稀释至500ml,用玻璃塞塞住瓶口,充分摇匀。

(3)将所配的溶液贴上标签,注明班组、姓名,试剂名称、配制日期,留一空位准备填写溶液的准确浓度。注意养成溶液配制好后立即贴标签的习惯。标签设计如下:

| | |
|---|---|
| 班组: | 姓名: |
| 溶液: | 浓度: |
| 配制日期: | |

**2. 0.1mol/L 盐酸标准溶液准确浓度的标定** 用减重法在电子天平上准确称取在270~300℃干燥至恒重的基准无水 $Na_2CO_3$ 三份,每份约0.2g,分别置于3个250ml的锥形瓶中,各加入蒸馏水50ml使其完全溶解后,加入甲基橙指示剂2滴,用待标定盐酸溶液滴定至终点(黄色→橙色),记录每次滴定前后滴定管的读数,带入公式计算盐酸标准溶液的浓度,取其平均值,即为盐酸标准溶液的准确浓度。

## 六、实训思考

1. 本实验中配制盐酸标准溶液时,试剂只用量筒量取,为什么?稀释所用蒸馏水是否需准确量取?

2. 滴定管为何要用标准溶液润洗几次?滴定中使用的锥形瓶是否也要用标准溶液润洗?为什么?

3. 用 HCl 溶液滴定 NaOH 溶液时用甲基橙为指示剂,甲基橙变色时,pH 范围是多少,此时是否为化学计量点?

4. 滴定管、移液管和容量瓶是滴定分析中量取溶液体积的3种准确量器,记录时应记几位有效数字?

## 七、实训评价

| 测试项目 | 指标分值 | 测评标准 | | | | 得分 |
|---|---|---|---|---|---|---|
| | | 完全达到 | 基本达到 | 部分达到 | 少量达到 | |
| 盐酸标准溶液的配制 | 3 | 1. 计算正确,正确使用量筒<br>2. 熟悉配制溶液的步骤<br>3. 养成溶液配好后立即贴标签的习惯 | | | | |
| 盐酸标准溶液准确浓度的标定 | 3 | 1. 能正确使用酸式滴定管和电子天平<br>2. 熟悉滴定操作,会用甲基橙指示剂判断滴定终点<br>3. 能正确计算平均偏差和相对平均偏差,且偏差小 | | | | |
| 实验态度 | 2 | 1. 遵守实验、实训规章制度,遵守安全守则<br>2. 实验服保持清洁,认真操作,不高声谈笑 | | | | |

续表

| 测试项目 | 指标分值 | 测评标准 | | | | 得分 |
|---|---|---|---|---|---|---|
| | | 完全达到 | 基本达到 | 部分达到 | 少量达到 | |
| 实验习惯 | 2 | 1. 台面整洁，仪器摆放有序，爱护仪器，节约试剂<br>2. 操作规范，有条不紊，实训报告书写标准<br>3. 实验结束，能做好收尾工作 | | | | |
| 总分 | | | | | | |

测试时间：　　年　月　日　　　　　　　　　评价教师：

## 八、实训报告

实训名称：　　　　　　　实训日期：　　　　　　　实训成绩：

**1. 实训记录及数据处理：**

| 测定份数 | | 1 | 2 | 3 |
|---|---|---|---|---|
| 称量记录(g) | $m(Na_2CO_3)$ | | | |
| 滴定记录(ml) | $V_{终}$ | | | |
| | $V_{初}$ | | | |
| | $V$ | | | |
| 盐酸标准溶液浓度(mol/L) | $C_1=$<br>$C_2=$<br>$C_3=$<br>$\bar{C}=$ | | | |
| 平均偏差 | $\bar{d}=$ | | | |
| 相对平均偏差 | $R_{\bar{d}}=$ | | | |

**2. 实训小结：**

（陈先玉）

# 实训十　氢氧化钠标准溶液的配制和标定

## 一、实训目的

1. 掌握氢氧化钠标准溶液的配制和标定方法。

2. 能正确使用碱式滴定管、移液管，巩固电子天平的使用方法。
3. 掌握酚酞指示剂的颜色变化，能初步掌握确定滴定终点的方法。

## 二、实训内容

①氢氧化钠标准溶液的配制和标定；②实验数据的处理。

## 三、实训原理

酸碱滴定中常用氢氧化钠溶液做标准溶液（滴定剂）。由于 NaOH 具有很强的吸湿性，易吸收空气中的 $CO_2$，不能用直接法配制标准溶液。因此，只能先配制接近所需浓度的溶液，然后用基准物或已知准确浓度的标准溶液测量其准确浓度。

用来标定 NaOH 溶液常用的基准物质是 $H_2C_2O_4 \cdot 2H_2O$、$KHC_2O_4$、邻苯二甲酸氢钾（$KHC_8H_4O_4$）。用邻苯二甲酸氢钾标定 NaOH 溶液时，其反应式为

$$\text{C}_6\text{H}_4(\text{COOH})(\text{COOK}) + \text{NaOH} = \text{C}_6\text{H}_4(\text{COONa})(\text{COOK}) + \text{H}_2\text{O}$$

化学计量点的产物为二元弱碱，pH 约为 9.1，选用酚酞指示剂。根据称取的邻苯二甲酸氢钾的质量和滴定所消耗的 NaOH 溶液的体积，计算出 NaOH 溶液的准确浓度。

在化学计量点时：

$$C_{\text{NaOH}} = \frac{m_{\text{KHC}_8\text{H}_4\text{O}_4}}{M_{\text{KHC}_8\text{H}_4\text{O}_4} V_{\text{NaOH}}} \times 10^3$$

$$R_{\bar{d}} = \frac{\sum_{i=1}^{n}|x_i - \bar{x}|}{n\bar{x}} = \frac{|C_1 - \bar{C}| + |C_2 - \bar{C}| + |C_3 - \bar{C}|}{3 \times \bar{C}}$$

## 四、实训用品

**1. 仪器** 500ml 试剂瓶，250ml 锥形瓶，50ml 量杯，25ml 碱式滴定管，称量瓶，滴定管架，洗瓶，洗耳球，玻璃棒，托盘天平，电子天平。

**2. 试剂** 氢氧化钠（AR），邻苯二甲酸，酚酞指示剂。

## 五、实训步骤

**1. 氢氧化钠标准溶液的配制**

(1) 计算配制 0.1mol/L 氢氧化钠溶液所需饱和氢氧化钠溶液的体积。（$\rho$=1.56g/ml，$\omega_{\text{NaOH}}$=0.52)

(2) 量取 2.8ml 氢氧化钠饱和溶液至 500ml 洁净试剂瓶中，加水稀释至 500ml，摇匀，贴上标签。

**2. 0.1mol/L 氢氧化钠标准溶液准确浓度的标定** 用减重法在电子天平上准确称取 0.41～0.51g 邻苯二甲酸氢钾 3 份，分别置于 3 个 250ml 的锥形瓶中，各加入蒸馏水 50ml 使其完全溶解后，加入酚酞指示剂 2 滴，用待标定氢氧化钠溶液滴定至终点(无色→淡红色)，记录每次滴定前后滴定管的读数，带入公式计算氢氧化钠标准溶液的浓度，取其平均值，即为氢氧化钠标准溶液的准确浓度。

## 六、实训思考

1. 本实验中配制氢氧化钠标准溶液时，试剂只用托盘天平称取，为什么？稀释所用蒸馏水是否需准确量取？

2. 标定氢氧化钠溶液时，用酚酞作指示剂，终点为淡粉色，10 秒内颜色不褪净。如果经较长时间颜色慢慢褪去，为什么？

3. 碱滴定管为什么滴定前要赶走气泡，滴定中为什么要防止产生气泡？

## 七、实训评价

| 测试项目 | 指标分值 | 测评标准 | | | | 得分 |
|---|---|---|---|---|---|---|
| | | 完全达到 | 基本达到 | 部分达到 | 少量达到 | |
| 氢氧化钠标准溶液的配制 | 3 | 1. 计算正确，正确使用量筒<br>2. 熟悉配制溶液的步骤<br>3. 养成溶液配好后立即贴标签的习惯 | | | | |
| 氢氧化钠标准溶液准确浓度的标定 | 3 | 1. 能正确使用酸式滴定管和电子天平<br>2. 熟悉滴定操作，会用甲基橙指示剂判断滴定终点<br>3. 能正确计算平均偏差和相对平均偏差，且偏差小 | | | | |
| 实验态度 | 2 | 1. 遵守实验、实训规章制度，遵守安全守则<br>2. 实验服保持清洁，认真操作，不高声谈笑 | | | | |
| 实验习惯 | 2 | 1. 台面整洁，仪器摆放有序，爱护仪器，节约试剂<br>2. 操作规范，有条不紊，实训报告书写标准<br>3. 实验结束，能做好收尾工作 | | | | |
| 总分 | | | | | | |

测试时间： 年 月 日  评价教师：

## 八、实训报告

实训名称： 实训日期： 实训成绩：

**1. 实训记录及数据处理：**

| 测定份数 | | 1 | 2 | 3 |
|---|---|---|---|---|
| 称量记录(g) | $m_{KHC_8H_4O_4}$ | | | |
| 滴定记录(ml) | $V_{终}$ | | | |
| | $V_{初}$ | | | |
| | $V$ | | | |
| 氢氧化钠标准溶液浓度(mol/L) | $C_1 =$ <br> $C_2 =$ <br> $C_3 =$ <br> $\bar{C} =$ | | | |
| 平均偏差 | $\bar{d} =$ | | | |
| 相对平均偏差 | $R_{\bar{d}} =$ | | | |

**2. 实训小结：**

（陈先玉）

# 第四章 综 合 实 验

## 实训一　乙酰水杨酸(阿司匹林)的制备

### 一、实训目的

1. 了解阿司匹林的用途。
2. 理解酯化反应的原理。
3. 掌握阿司匹林的制备方法。
4. 巩固固体有机物重结晶、过滤和熔点测定的实验操作方法。

### 二、实训内容

①阿司匹林的制备及纯化；②产物(阿司匹林)纯度的检验。

### 三、实训原理

阿司匹林是一种解热镇痛药，用于解热镇痛、抗风湿，促进痛风患者尿酸的排泄，抗血小板聚集及胆道蛔虫治疗，是日常生活中常用到的药品之一。

乙酰水杨酸由水杨酸(邻羟基苯甲酸)和乙酸酐，在少量浓硫酸(或干燥的氯化氢、有机强酸等)催化下，脱水而制得。

**1. 反应式**

$$\text{水杨酸} + (CH_3CO)_2O \xrightarrow{H^+} \text{乙酰水杨酸} + CH_3COOH$$

**2. 副反应**　水杨酸在酸性条件下受热，还可发生缩合反应，生成少量聚合物。

**3. 纯化**　乙酰水杨酸能与碳酸氢钠反应生成水溶性钠盐，而副产物聚合物不能溶于碳酸氢钠，这种性质上的差别可用于阿司匹林的纯化。

**4. 纯度检验**　可能存在于最终产物中的杂质是水杨酸本身，这是由于乙酰化反应不完全或由于产物在分离步骤中发生水解造成的。它可以在各步纯化过程和产物的重结晶过程中被除去。与大多数酚类化合物一样，水杨酸可与三氯化铁形成深色络合物；阿司匹林因酚羟基已被酰化，不再与三氯化铁发生颜色反应，因此杂质很容易被检出。

## 四、实训用品

**1. 仪器**　布氏漏斗，表面皿，玻璃钉，循环水真空泵，抽滤瓶，温度计，水浴锅(烧杯)，锥形瓶，熔点测定仪，红外灯，烧杯，试管，量筒，圆形滤纸，台秤，烘箱。

**2. 试剂**　水杨酸，乙酸酐，乙酸乙酯，浓盐酸，浓硫酸，饱和碳酸氢钠溶液，1%三氯化铁溶液。

## 五、实训步骤

**1. 合成**　在125ml锥形瓶中加入2g水杨酸、5ml乙酸酐和5滴浓硫酸，旋摇锥形瓶使水杨酸全部溶解后，在水浴上加热5~10分钟，并控制浴温在85~90℃。从水浴中取出锥形瓶，冷至室温，即有乙酰水杨酸结晶析出。如不结晶，可用玻璃棒摩擦瓶壁并将反应物置于冰水中冷却使结晶产生。加入50ml水，将混合物继续在水中冷却使结晶完全。真空抽滤，用滤液反复洗涤锥形瓶，直至所有晶体被收集到布氏漏斗里。然后用少量冷水洗涤结晶几次，继续抽吸将溶剂尽量抽干。

**2. 纯化**　将粗产物转移至150ml烧杯中，在搅拌下加入25ml饱和碳酸氢钠溶液，加完后继续搅拌几分钟，直至无二氧化碳气泡产生(必要时可进行温热)。真空抽滤，副产物聚合物应被滤出。用5~10ml水冲洗漏斗，合并滤液，倒入预先盛有4~5ml浓盐酸和10ml水配成溶液的烧杯中，均匀搅拌，即有乙酰水杨酸沉淀析出。将烧杯置于冰浴中冷却，使结晶完全。真空抽滤，用洁净的玻璃塞挤压滤瓶，尽量抽出滤液，再用冷水洗涤2~3次，抽干水分。将结晶移至表面皿上，在红外灯下小心干燥后称重(约1.5g)。

为了得到更纯的产品，可将上述结晶的一半溶于最少量的乙酸乙酯中(需2~3ml)，溶解时应在水浴上小心加热。如果有不溶物出现，可用预热过的玻璃漏斗趁热过滤。将滤液冷至室温，阿司匹林晶体析出。如果不析出结晶，可在水浴上稍加浓缩，并将溶液置于冰水中冷却，或用玻璃棒摩擦瓶壁，抽滤收集产物，干燥后测熔点。

**3. 纯度检测** 乙酰水杨酸为白色针状晶体，熔点为 135～136℃。取几粒结晶加入盛有 5ml 水的试管中，加入 1～2 滴 1%三氯化铁溶液，观察有无颜色反应。

## 六、实训提示

乙酸酐比乙酸的酰化效率高，乙酸酐易水解成乙酸，实验用乙酸酐需要新蒸，合成步骤用玻璃仪器需干燥。

合成反应的温度越高，时间越长，副产物越多，所以合成反应需要控制温度在 85～90℃，时间为 5～10 分钟。

将粗产品溶于饱和碳酸氢钠溶液中，会产生大量的 $CO_2$ 气体，加入饱和碳酸氢钠溶液时，应边加边搅拌，直至无 $CO_2$ 气体逸出为止，否则会因产品溢出或未溶完而造成较大损失。

在滤液中加入盐酸，盐酸与过量的碳酸氢钠反应，产生大量的 $CO_2$ 气体会导致产物溢出，故加入盐酸时应缓慢加入，边加边搅拌。

乙酰水杨酸易受热分解，因此熔点不很明显，它的分解温度为 128～135℃。测定熔点时，应先将热载体加热至 120℃左右，然后放入样品测定。

## 七、实训思考

1. 制备阿司匹林时，加入浓硫酸的目的何在？
2. 反应中有哪些副产物？如何除去？
3. 阿司匹林在沸水中受热时会分解并得到一种溶液，后者对三氯化铁呈阳性试验，试解释之，并写出反应方程式。

## 八、实训评价

| 测试项目 | 指标分值 | 测评标准 | | | | 得分 |
| --- | --- | --- | --- | --- | --- | --- |
| | | 完全达到 | 基本达到 | 部分达到 | 少量达到 | |
| 合成 | 2 | 1. 熟悉固体和液体药品的取用操作<br>2. 量值准确<br>3. 合成步骤加热过程固体全部溶解，冷却后有明显结晶<br>4. 抽滤操作正确 | | | | |
| 纯化 | 2 | 1. 每次抽滤操作选用的漏斗和抽滤瓶正确<br>2. 抽滤操作正确<br>3. 加入碳酸氢钠溶液和盐酸溶液时有搅拌、无液体溢出<br>4. 抽滤结束时关闭电源、拿走自用仪器的良好实验习惯 | | | | |

续表

| 测试项目 | 指标分值 | 测评标准 | | | | 得分 |
|---|---|---|---|---|---|---|
| | | 完全达到 | 基本达到 | 部分达到 | 少量达到 | |
| 检验 | 2 | 1. 熟悉熔点测定操作<br>2. 熔点测定和显色反应现象记录及时、准确<br>3. 产品颜色纯正、晶型好、纯度高、产率高<br>4. 称量操作正确 | | | | |
| | | | | | | |
| 实验态度 | 2 | 1. 遵守实验、实训规章制度，遵守安全守则<br>2. 实验服保持清洁，认真操作，不高声谈笑 | | | | |
| | | | | | | |
| 实验习惯 | 2 | 1. 台面整洁，仪器摆放有序，爱护仪器，节约试剂<br>2. 操作规范，有条不紊，实训报告书写标准<br>3. 实验结束，能做好收尾工作 | | | | |
| | | | | | | |
| 总分 | | | | | | |

测试时间：　　年　月　日　　　　　　　　　评价教师：

## 九、实训报告

实训名称：　　　　　　实训日期：　　　　　　实训成绩：

**1. 实训记录：**

| | |
|---|---|
| 水杨酸质量(g) | |
| 产品(阿司匹林)质量(g) | |
| 产品颜色 | |
| 产品晶型(形状) | |
| 熔点 | |
| 在三氯化铁溶液中的颜色 | |

**2. 实训小结：**

（杨　旭）

## 实训二　从茶叶中提取咖啡因

### 一、实训目的

1. 了解咖啡因的结构、主要理化性质。
2. 理解脂肪提取器工作原理及升华法提纯物质的原理。
3. 掌握脂肪提取器的使用和升华的实验操作。

### 二、实训内容

1. 从茶叶中粗提咖啡因。
2. 用蒸馏的方法浓缩粗提液。
3. 用焙炒和升华法分离精制咖啡因。

### 三、实训原理

　　茶叶中含有多种生物碱，其中以咖啡因（又称咖啡碱）为主，占 1%～5%。另外还含有 11%～12%的丹宁酸（又名鞣酸），0.6%的色素、纤维素、蛋白质等。咖啡因是弱碱性化合物，易溶于氯仿(12.5%)、水(2%)及乙醇(2%)等。在苯中的溶解度为 1%(热苯为 5%)。丹宁酸易溶于水和乙醇，难溶于苯。

　　咖啡因是杂环化合物嘌呤的衍生物，它的化学名称是 1,3,7-三甲基-2,6-二氧嘌呤，其结构如下：

嘌呤　　　　　　咖啡因

　　为了提取茶叶中的咖啡因，往往利用适当溶剂（氯仿、乙醇、苯等）在脂肪提取器中连续抽提，然后蒸去溶剂，即得粗咖啡因。粗咖啡因还含有其他一些生物碱和杂质，利用升华法可以进一步提纯。

　　工业上，咖啡因主要通过人工合成制得。它具有刺激心脏、兴奋大脑神经和利尿等作用，因此可以作为中枢神经兴奋药。它也是复方阿司匹林（APC）等药物的组分之一。

　　含结晶水的咖啡因系无色针状结晶，味苦，能溶于水、乙醇、氯仿等。在 100℃时即失去结晶水，并开始升华，120℃时升华相当显著，至 178℃时升华很快。无水咖啡因的熔点为 234.5℃。

## 四、实训用品

**1. 仪器** 脂肪提取器,圆底烧瓶,冷凝管,蒸发皿,玻璃漏斗,石棉网,电砂浴锅,圆形滤纸,方形滤纸,大头针。

**2. 试剂** 茶叶,95%乙醇,生石灰。

## 五、实训步骤

按图 4-2-1 安装提取装置。称取 6g 茶叶末,放入脂肪提取器的滤纸套筒中,在圆底烧瓶中加入 50ml 95%乙醇溶液,用水浴加热,连续提取 1~1.5 小时。待冷凝液刚刚虹吸下去时,立即停止加热。稍冷后,改成蒸馏装置,回收提取液中的大部分乙醇。趁热将瓶中的残液倒入蒸发皿中,拌入 2~3g 生石灰粉,使成糊状,在蒸气浴上蒸干,其间应不断搅拌,并压碎块状物。最后将蒸发皿放在石棉网上,用小火焙炒片刻,使水分全部除去。冷却后,擦去沾在边上的粉末,以免在升华时污染产物。取一个口径合适的玻璃漏斗,罩在隔以刺有许多小孔的滤纸的蒸发皿上,用砂浴小心加热升华。控制砂浴温度在 220℃左右。当滤纸上出现许多白色毛状结晶时,暂停加热,让其自然冷却至 100℃。小心取下漏斗,揭开滤纸,用刮刀将纸上和器皿周围的咖啡因刮下。残渣经拌和后用较大的火再加热片刻,使升华完全。合并两次收集的咖啡因,称重并测定熔点。

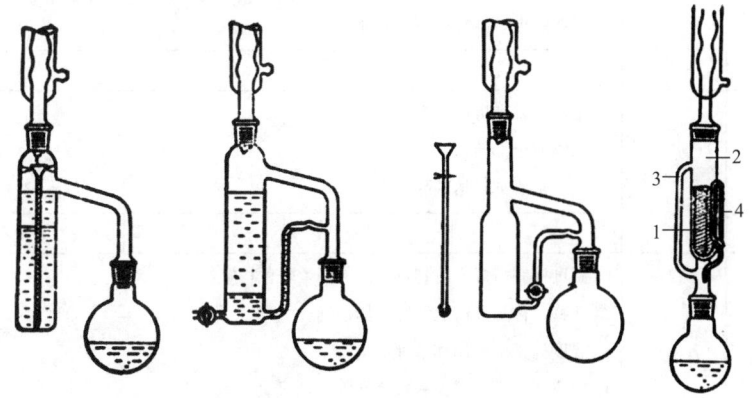

图 4-2-1 脂肪提取器
1. 滤纸套;2. 提取器;3. 玻璃管;4. 虹吸管

纯咖啡因的熔点为 234.5℃。

**附 咖啡因水杨酸盐衍生物的制备**

在试管中加入 50mg 咖啡因、37mg 水杨酸和 4ml 甲苯,在水浴上加热振摇使其溶解,然后加入约 1ml 石油醚(60~90℃),在冰浴中冷却结晶。如无晶体析出,可用玻璃棒或刮刀摩擦管壁。用漏斗过滤收集产物,测定熔点。纯盐的熔点为 137℃。

## 六、实训提示

脂肪提取器易损坏,取用和安装时要特别小心。滤纸套大小既要紧贴器壁,又能方便取放，其高度不得超过虹吸管；滤纸包茶叶末时要细心，防止茶叶末漏出堵塞虹吸管；纸套上面折成凹形，以保证回流液均匀浸润被萃取物。

瓶中乙醇不可蒸得太干，否则残液很黏，转移时损失较大。生石灰起吸水和中和作用，以除去部分酸性物质。进行升华前应除尽水分，否则无法得到针状晶体。在萃取回流充分的情况下，升华操作是实验成败的关键。升华过程中，始终都需用小火间接加热。如果温度太高，会使产物发黄。

## 七、实训思考

1. 升华前加入生石灰的作用是什么？
2. 从茶叶中提取的粗咖啡因有绿色光泽，为什么？
3. 升华装置中，为什么要在蒸发皿上覆盖刺有小孔的滤纸？漏斗颈为什么塞棉花？

## 八、实训评价

| 测试项目 | 指标分值 | 测评标准 | | | | 得分 |
| --- | --- | --- | --- | --- | --- | --- |
| | | 完全达到 | 基本达到 | 部分达到 | 少量达到 | |
| 粗提 | 2 | 1. 正确安装和拆卸提取装置<br>2. 量取和称量操作熟练<br>3. 提取效果(提取液变色)明显 | | | | |
| 浓缩及焙炒 | 2 | 1. 正确安装和拆卸浓缩装置<br>2. 浓缩液全部转移<br>3. 生石灰研细且焙炒除尽水分 | | | | |
| 升华 | 2 | 1. 温度控制得好，得到咖啡因晶型及颜色均好<br>2. 转移、称量和熔点测定操作正确<br>3. 温度计正确使用和管理<br>4. 养成保护实验桌面和残渣回收等好习惯 | | | | |
| 实验态度 | 2 | 1. 遵守实验、实训规章制度，遵守安全守则<br>2. 实验服保持清洁，认真操作，不高声谈笑 | | | | |
| 实验习惯 | 2 | 1. 台面整洁，仪器摆放有序，爱护仪器，节约试剂<br>2. 操作规范，有条不紊，实训报告书写标准<br>3. 实验结束，能做好收尾工作 | | | | |
| 总分 | | | | | | |

测试时间：　　年　　月　　日　　　　　　　　评价教师：

## 九、实训报告

实训名称：　　　　　　　实训日期：　　　　　　　实训成绩：

**1.** 实训记录：

| 茶叶质量 | |
|---|---|
| 乙醇体积(ml) | |
| 产品(咖啡因)颜色 | |
| 产品(咖啡因)晶型 | |

**2.** 实训小结：

（杨　旭）

# 实训三　从橙皮中提取柠檬烯

## 一、实训目的

1. 了解柠檬烯的性质。
2. 理解植物中挥发性成分的提取原理及气相色谱的原理与应用。
3. 掌握从橙皮中提取柠檬烯的操作方法。
4. 掌握水蒸气蒸馏的原理、操作与萃取分离操作技术。

## 二、实训内容

①从橙皮中提取柠檬烯；②柠檬烯的分离与检测。

## 三、实训原理

工业上常用水蒸气蒸馏的方法从植物组织中获取挥发性成分，这些挥发性成分的混合物统称精油，其大都具有令人愉快的香味。从柠檬、橙子和柚子等水果的果皮中提取的精油 90% 以上是柠檬烯。

柠檬烯是一种单环萜，分子中有一个手性中心。其中 $S$-(−)异构体存在于松针油、薄荷油中；R-(+)异构体存在于柠檬油、橙皮油中；外消旋体存在于香茅油中。本实验是先用水蒸气蒸馏法把柠檬烯从橙皮中提取出来，再用二氯甲烷萃取，然后蒸去二氯甲烷，留下的残液为橙油，主要成分是柠檬烯。分离得到的产品可以通过测定折射率、旋光度和红外、核磁共振谱进行鉴定，同时用气相色谱分析分离产品的纯度。

水蒸气蒸馏的原理和实验装置详见第二章实训八、水蒸气蒸馏中的相关内容。

## 四、实训用品

**1. 仪器**　水蒸气蒸馏装置 1 套，分液漏斗，气相色谱仪。
**2. 试剂**　二氯甲烷，橙皮，无水硫酸钠。

## 五、实训步骤

将 2～3 个橙皮剪成细碎的碎片，投入 250ml 长颈圆底烧瓶中，加入约 30ml 水，按照第二章实训八、水蒸气蒸馏中图 2-8-1 示安装水蒸气蒸馏装置。

松开弹簧夹，加热水蒸气发生器至水沸腾，T 形管的支管口有大量水蒸气冒出时夹紧弹簧夹，打开冷凝水，水蒸气蒸馏即开始进行，可观察到在馏出液的水面上有一层很薄的油。当馏出液收集达 60～70ml 时，松开弹簧夹，然后停止加热。

将馏出液加入分液漏斗中，每次用 10ml 二氯甲烷萃取 3 次。合并萃取液，置于干燥的 5ml 锥形瓶中，加入适量无水硫酸钠干燥 0.5 小时以上。

将干燥好的溶液滤入 50ml 蒸馏瓶中，用水浴加热蒸馏。二氯甲烷基本蒸完后，再用水泵减压抽去残余的二氯甲烷，瓶中留下的少量橙黄色液体即为橙油。

也可将馏出液加入分液漏斗中进行静置分层，再经过分液，弃去下层水相，将上层油相从分液漏斗的上口倒出，即得橙油。

测定橙油的折光率、比旋光度，并用气相色谱法测定橙油中柠檬烯的含量。

纯的柠檬烯 $b.p.$ 176℃，$n_D^{20}$ 1.4727，$[\alpha]_D^{20}$ +126.6°。

## 六、实训提示

橙皮最好是新鲜的，如果没有，干的亦可，但效果较差。

产品中二氯甲烷一定要除净，否则会影响产品的纯度。

测定比旋光度可将几组所得柠檬烯合并起来，用 95%乙醇配成 5%溶液进行测定，用纯柠檬烯同样浓度的溶液进行比较。

橙皮提取物的气相色谱分析：开启仪器，设定实验操作条件。操作条件：柱温 120℃，气化温度 200℃，检测器温度 200℃，载气流量 30～40ml/min。开启色谱工作站，进入"样品采集"窗口。当色谱仪温度达到设定值后，氢火焰离子化检测器点火。待仪器的电路、气路系统达到平衡，工作站采样窗口显示的基线平直后即可进样。

测定橙皮提取物：将实验中得到的橙皮提取物用乙醇稀释数倍。用微量进样器吸取 0.1～0.2μl 样品进样，用色谱工作站采集色谱数据并记录谱图文件名。重复进样两次。

测定柠檬烯标样：在相同的条件下，吸取 0.3μl 柠檬烯标样(已稀释)进样测定。用色谱工作站采集色谱数据，并记录谱图文件名。重复进样两次。

数据处理和记录：进入色谱工作站的数据处理系统，依次打开色谱图文件并对色谱图进行处理，同时记下各色谱峰的保留时间和峰面积。实验完毕，用乙醚抽洗微量进样器数次，并关闭仪器和计算机。

## 七、实训思考

1. 能用水蒸气蒸馏提纯的物质应具备什么条件？
2. 在水蒸气蒸馏过程中，出现安全管的水柱迅速上升，并从管上口喷出来等现象，这表现蒸馏体系中发生了什么故障？
3. 在水蒸气发生器与蒸馏器之间需要连接一个 T 形管，在 T 形管下口再接一根带有螺旋夹的橡皮管，请说明此装置有何用途。
4. 在停止水蒸气蒸馏时，为什么一定要先打开螺旋夹，然后再停止加热？

## 八、实训评价

| 测试项目 | 指标分值 | 测评标准 | | | | 项目得分 |
| --- | --- | --- | --- | --- | --- | --- |
| | | 完全达到 | 基本达到 | 部分达到 | 少量达到 | |
| 粗提 | 2 | 1. 正确安装和拆卸提取(水蒸气蒸馏)装置<br>2. 提取过程中发生故障能解决 | | | | |
| 浓缩(或萃取)及检测 | 2 | 1. 正确使用分液漏斗<br>2. 能正确安装和拆卸常压蒸馏装置<br>3. 能通过选择一种或几种检测方法判断柠檬烯的纯度 | | | | |
| 实验态度 | 2 | 1. 遵守实验、实训规章制度，遵守安全守则<br>2. 实验服保持清洁，认真操作，不高声谈笑 | | | | |
| 实验习惯 | 2 | 1. 台面整洁，仪器摆放有序，爱护仪器，节约试剂<br>2. 操作规范，有条不紊，实训报告书写标准<br>3. 实验结束，能做好收尾工作 | | | | |
| 总分 | | | | | | |

测试时间：　　年　月　日　　　　　　　评价教师：

## 九、实训报告

实训名称：　　　　　　实训日期：　　　　　　实训成绩：

**1. 实训记录：**

| | |
|---|---|
| 产品颜色 | |
| 产品折光率 | |
| 气相色谱法测定橙油中柠檬烯的含量 | |

**2. 实训小结：**

（杨　旭）

# 实训四　食醋中总酸度的测定

## 一、实训目的

1. 掌握食醋中总酸度的测定原理，熟悉测定方法。
2. 进一步熟悉移液管的使用方法和滴定操作技术。
3. 熟悉强碱滴定弱酸时指示剂的选择。

## 二、实训内容

①巩固碱式滴定管的润洗、洗涤、滴定等操作步骤；②熟练使用吸量管；③掌握食醋中总酸度的测定方法，能正确记录实验数据、处理计算结果。

## 三、实训原理

乙酸属弱酸类，其解离常数 $K_a=1.7\times10^{-5}$，可用氢氧化钠标准溶液直接滴定，反应式为

$$NaOH + CH_3COOH =\!=\!= CH_3COONa + H_2O$$

计量点时，溶液呈弱碱性，其突跃范围为 pH 7.7～9.7，故通常选酚酞为指示剂，终点由无色至浅粉红色。由于空气中的 $CO_2$ 可使酚酞褪色，故滴至溶液显浅粉红色且在 30 秒内不褪色为终点。

## 四、实训用品

**1. 仪器**　25ml 移液管，250ml 锥形瓶，50ml 碱式滴定管，50ml 量筒。

**2. 试剂**　氢氧化钠标准溶液(0.1mol/L)，乙酸试样，酚酞指示剂。

## 五、实训步骤

用移液管移取乙酸试样 5.00ml 于 250ml 锥形瓶中，加蒸馏水 20ml，酚酞指示剂 2 滴，用氢氧化钠标准溶液(0.1mol/L)滴至淡粉红色，且在 30 秒内不褪色为止。平行测定 3 次。记录氢氧化钠标准溶液的用量，按照下式计算每 100ml 乙酸试样含 HAc 的质量（$M_{HAc}=60.05g/mol$）：

$$\rho_{HAc} = \frac{C_{NaOH} V_{NaOH} M_{HAc}}{V_s}$$

式中，$\rho_{HAc}$ 为食醋中的总酸度，g/L；$C_{NaOH}$ 为氢氧化钠标准溶液的浓度(mol/L)；$V_{NaOH}$ 为滴定消耗氢氧化钠标准溶液的体积(ml)；$M_{HAc}$ 为 HAc 的摩尔质量，g/mol；$V_s$ 为食醋试样的取样体积(ml)。

## 六、实训提示

1. 乙酸试样可用食醋(主要成分是 HAc，还含有少量的其他弱酸如乳酸，这样测定的是食醋的总酸度)或取浓乙酸(17mol/L)5.9ml 加蒸馏水至 1000ml 配制而成。
2. 量取试液的移液管要先用待测试液润洗 3 次后才能准确移取。

## 七、实训思考

1. 以氢氧化钠标准溶液滴定乙酸属于哪种类型的滴定？计量点的 pH 如何计算？怎样选择指示剂？
2. 在滴定分析中，滴定管、移液管为何需用操作溶液润洗几次？滴定过程中使用锥形瓶或烧杯，是否也需要用操作试液润洗？为什么？
3. 要准确量取(移取)液体试样，应选择哪些容量器皿？
4. 滴定结束后，发现滴定管尖嘴外留有液滴，以及溅在锥形瓶壁上的液滴没有用蒸馏水冲下，它们对实验结果有何影响？

## 八、实训评价

| 测试项目 | 指标分值 | 测评标准 | | | | 项目得分 |
| --- | --- | --- | --- | --- | --- | --- |
| | | 完全达到 | 基本达到 | 部分达到 | 少量达到 | |
| 移液管的操作 | 3 | 能熟练使用移液管移取溶液 | | | | |
| 碱式滴定管的操作 | 3 | 1. 能熟练使用碱式滴定管，掌握滴定操作<br>2. 会用酚酞指示剂判断滴定终点 | | | | |
| | | | | | | |

续表

| 测试项目 | 指标分值 | 测评标准 | | | | 项目得分 |
|---|---|---|---|---|---|---|
| | | 完全达到 | 基本达到 | 部分达到 | 少量达到 | |
| 实验态度 | 2 | 1. 遵守实验、实训规章制度，遵守安全守则<br>2. 实验服保持清洁，认真操作，不高声谈笑 | | | | |
| | | | | | | |
| 实验习惯 | 2 | 1. 台面整洁，仪器摆放有序，爱护仪器，节约试剂<br>2. 操作规范，有条不紊，实训报告书写标准<br>3. 实验结束，能做好收尾工作 | | | | |
| | | | | | | |
| 总分 | | | | | | |

测试时间：　　年　　月　　日　　　　　　　　评价教师：

# 九、实训报告

实训名称：　　　　　　　实训日期：　　　　　　　实训成绩：

**1. 实训记录：**

| 测定份数 | 1 | 2 | 3 |
|---|---|---|---|
| 消耗氢氧化钠标准溶液的体积(ml) | | | |
| 食醋试样的总酸度(g/L) | | | |
| 平均酸度(g/L) | | | |
| 平均偏差 | $\bar{d} =$ | | |
| 相对平均偏差 | $R_{\bar{d}} =$ | | |

**2. 实训小结：**

（张稳稳）

# 实训五　过氧化氢含量的测定

## 一、实训目的

1. 掌握 $KMnO_4$ 法测定双氧水中过氧化氢（$H_2O_2$）含量的原理和方法。
2. 熟悉液体样品的取样方法与含量表示方法。

## 二、实训内容

①进一步强化移液管的规范操作；②$H_2O_2$含量的测定。

## 三、实训原理

$H_2O_2$既有氧化性，又有还原性。在酸性溶液中它是强氧化剂，但是遇到更强的氧化剂$KMnO_4$时，它会表现出还原性，可被$KMnO_4$定量氧化。因此，可用$KMnO_4$直接测定$H_2O_2$的含量。其反应式如下：

$$2MnO_4^- + 5H_2O_2 + 6H^+ \rightleftharpoons 2Mn^{2+} + 5O_2\uparrow + 8H_2O$$

该反应开始时反应速率比较慢，但是反应产物$Mn^{2+}$可起到自动催化作用，因此，随着$Mn^{2+}$生成，反应速率逐渐加快。化学计量点以后，稍过量的$KMnO_4$呈现的微红色即显示终点的到达。

## 四、实训用品

**1. 仪器**　棕色、50ml 酸式滴定管，2ml、25ml 移液管，250 ml 容量瓶，250ml 锥形瓶。

**2. 试剂**　30% $H_2O_2$溶液（市售），0.02mol/L $KMnO_4$溶液，1mol/L $H_2SO_4$溶液，1mol/L $MnSO_4$溶液。

## 五、实训步骤

1. 用移液管移取 30% $H_2O_2$溶液 1.00ml，置于 250ml 容量瓶中，加水稀释至刻度，充分摇匀后，用移液管移取 25ml，置于 250ml 锥形瓶中，加 1mol/L $H_2SO_4$溶液 20ml、1mol/L $MnSO_4$溶液 2～3 滴，用 0.02mol/L $KMnO_4$标准溶液滴定至溶液显微红色，30 秒内颜色不消失即为终点。记录消耗 $KMnO_4$标准溶液的体积。平行测定 3 次。

2. 按下式计算 $H_2O_2$的含量（$M_{H_2O_2} = 34.02$）

$$\rho_{H_2O_2} = \frac{C_{KMnO_4} \times V_{KMnO_4} \times \dfrac{M_{H_2O_2}}{1000} \times \dfrac{5}{2}}{1 \times \dfrac{25}{250}}$$

式中，$C_{KMnO_4}$为 $KMnO_4$标准溶液的物质的量浓度（mol/L）；$V_{KMnO_4}$为消耗 $KMnO_4$标准溶液的体积（ml）；$M_{H_2O_2}$为 $H_2O_2$的摩尔质量（g/mol）。

## 六、实训提示

1. 强酸性溶液中，$KMnO_4$可按下式分解：

$$4MnO_4^- + 12H^+ \rightleftharpoons 4Mn^{2+} + 5O_2\uparrow + 6H_2O$$

因此，滴定开始时滴速不能过快，以防止未反应的 $KMnO_4$ 在酸性溶液中分解。

2. 为了减少 $H_2O_2$ 因挥发、分解带来的误差，每份 $H_2O_2$ 样品应在滴定前量取。

3. $H_2O_2$ 溶液有很强的腐蚀性，防止溅到皮肤和衣物上。

## 七、实训思考

1. 加 $MnSO_4$ 的作用是什么？不加可以吗？为什么？
2. 用 $KMnO_4$ 溶液测定 $H_2O_2$ 含量，能否用加热的方法提高反应速率？

## 八、实训评价

| 测试项目 | 指标分值 | 测评标准 | | | | 得分 |
|---|---|---|---|---|---|---|
| | | 完全达到 | 基本达到 | 部分达到 | 少量达到 | |
| 移液管的使用 | 2 | 会正确使用移液管准确移取规定体积的溶液 | | | | |
| | | | | | | |
| 容量瓶的使用 | 2 | 会正确使用容量瓶稀释溶液 | | | | |
| | | | | | | |
| $H_2O_2$ 含量的测定 | 2 | 1.能正确使用酸式滴定管，熟悉滴定操作 2.会判断滴定终点，能正确记录 $KMnO_4$ 溶液体积 | | | | |
| | | | | | | |
| 实验态度 | 2 | 1.遵守实验、实训规章制度，遵守安全守则 2.实验服保持清洁，认真操作，不高声谈笑 | | | | |
| | | | | | | |
| 实验习惯 | 2 | 1.台面整洁，仪器摆放有序，爱护仪器，节约试剂 2.操作规范，有条不紊，实训报告书写标准 3.实验结束，能做好收尾工作 | | | | |
| | | | | | | |
| 总分 | | | | | | |

测试时间： 年 月 日 评价教师：

## 九、实训报告

实训名称： 实训日期： 实训成绩：

**1. 实训记录：**

| 测定份数 | 1 | 2 | 3 |
|---|---|---|---|
| 消耗 $KMnO_4$ 溶液的体积(ml) | | | |
| $H_2O_2$ 的含量(g/L) | | | |

续表

| 测定份数 | 1 | 2 | 3 |
|---|---|---|---|
| $H_2O_2$的平均含量(g/L) | | | |
| 平均偏差 | $\bar{d}=$ | | |
| 相对平均偏差 | $R_{\bar{d}}=$ | | |

**2. 实训小结：**

(张稳稳)

## 实训六　水的硬度测定

### 一、实训目的

1. 掌握配位滴定法测定水的硬度的原理及方法。
2. 掌握水的硬度测定方法及计算。
3. 了解水的硬度测定意义及常用的硬度表示方法。

### 二、实训内容

①巩固溶液的稀释与定容的操作；②测定水中 $Ca^{2+}$、$Mg^{2+}$ 总含量；③测定水中 $Ca^{2+}$ 含量。

### 三、实训原理

水的总硬度指水中 $Ca^{2+}$、$Mg^{2+}$的总浓度，其中包括碳酸盐硬度(即通过加热能以碳酸盐形式沉淀下来的 $Ca^{2+}$、$Mg^{2+}$，故又叫暂时硬度)和非碳酸盐硬度(即加热后不能沉淀下来的那部分 $Ca^{2+}$、$Mg^{2+}$，又称永久硬度)。

碳酸盐硬度：主要是由钙、镁的碳酸氢盐[$Ca(HCO_3)_2$、$Mg(HCO_3)_2$]所形成的硬度，还有少量的碳酸盐硬度。碳酸氢盐硬度经加热之后分解成沉淀物从水中除去，故亦称为暂时硬度。

非碳酸盐硬度：主要是由钙、镁的硫酸盐、氯化物和硝酸盐等盐类所形成的硬度。这类硬度不能用加热分解的方法除去，故也称为永久硬度，如 $CaSO_4$、$MgSO_4$、$CaCl_2$、$MgCl_2$、$Ca(NO_3)_2$、$Mg(NO_3)_2$ 等。

碳酸盐硬度和非碳酸盐硬度之和称为总硬度；水中 $Ca^{2+}$ 的含量称为钙硬度；水中 $Mg^{2+}$ 的含量称为镁硬度。

水的硬度测定一般采用配位滴定法：取一定的水样，调节 pH 至 10 左右，以铬黑 T 为指示剂，用 EDTA 标准溶液滴定 $Ca^{2+}$、$Mg^{2+}$ 总量，即可计算水的硬度。滴定过程中的反应为

滴定前：$Ca^{2+} + HIn^{2-}$（蓝色）$\rightleftharpoons [CaIn]^-$（酒红色）$+ H^+$

$Mg^{2+} + HIn^{2-}$（蓝色）$\rightleftharpoons [MgIn]^-$（酒红色）$+ H^+$

当用 EDTA 溶液滴定时，EDTA 便与水中游离的 $Ca^{2+}$、$Mg^{2+}$ 配位，接近终点时，因 $[CaY]^{2-}$、$[MgY]^{2-}$ 的稳定性大于 $[CaIn]^-$、$[MgIn]^-$，故 EDTA 夺取 $[CaIn]^-$、$[MgIn]^-$ 中的 $Ca^{2+}$、$Mg^{2+}$，使铬黑 T 游离出来，即：

$[CaIn]^-$（酒红色）$+ H_2Y^{2-} \rightleftharpoons [CaY]^{2-} + HIn^{2-}$（蓝色）$+ H^+$

$[MgIn]^-$（酒红色）$+ H_2Y^{2-} \rightleftharpoons [MgY]^{2-} + HIn^{2-}$（蓝色）$+ H^+$

这时溶液由酒红色变为蓝色，指示终点到达。

测定 $Ca^{2+}$ 的含量时，需另取水样，加氢氧化钠调节溶液的 pH 为 12~13，使 $Mg^{2+}$ 生成 $Mg(OH)_2$ 沉淀，加入钙指示剂，用 EDTA 滴定，测定水中 $Ca^{2+}$ 的含量，已知 $Ca^{2+}$、$Mg^{2+}$ 总量及 $Ca^{2+}$ 的含量，即可得出 $Mg^{2+}$ 的含量。

## 四、实训用品

**1. 仪器** 25ml 移液管，250ml 锥形瓶，50ml 酸式滴定管，100ml、10ml 量筒等。

**2. 试剂** 自来水，EDTA 标准溶液(0.005mol/L)，$NH_3 \cdot H_2O$-$NH_4Cl$ 缓冲溶液(pH 约 10)，铬黑 T 指示剂等。

## 五、实训步骤

**1. 水中 $Ca^{2+}$、$Mg^{2+}$ 总含量的测定** 准确移取水样 25ml 于锥形瓶中，加 $NH_3 \cdot H_2O$-$NH_4Cl$ 缓冲溶液(pH 约 10)5ml，铬黑 T 指示剂 2~3 滴，摇匀。此时溶液为酒红色，以 0.005mol/L EDTA 标准溶液滴定至纯蓝色，即为终点。记录所消耗的 EDTA 标准溶液的体积。平行测定 3 次。

**2. 水中 $Ca^{2+}$ 含量的测定** 准确移取水样 25ml 于锥形瓶中，加入 2ml 10%的 NaOH 溶液，摇匀。再加入约 0.01g 钙指示剂，再摇匀。此时溶液呈淡红色。用 0.005mol/L EDTA 标准溶液滴定至纯蓝色，即为终点。记录所消耗的 EDTA 标准溶液的体积。平行测定 3 次。

**3. 水中 $Mg^{2+}$ 含量的测定** 由 $Ca^{2+}$、$Mg^{2+}$ 总含量减去 $Ca^{2+}$ 含量。

**4. 相当于 $CaCO_3$ 的含量（总硬度）**

$$\rho_{CaCO_3} = \frac{V_{EDTA} \times M_{CaCO_3} \times c_{EDTA}}{V_{水样}} \times 1000$$

式中，$c_{EDTA}$ 为 EDTA 标准溶液的浓度(mol/L)；$V_{EDTA}$ 为消耗 EDTA 标准溶液的体积(ml)；$M_{CaCO_3}$ 为 $CaCO_3$ 的摩尔质量(g/mol)；$V_{水样}$ 为水样的体积(ml)。

## 六、实训提示

当水的硬度较大时，在 pH=10 附近会析出 $MgCO_3$、$CaCO_3$ 沉淀使溶液变混浊：

$$HCO_3^- + Ca^{2+} + OH^- \rightleftharpoons CaCO_3 + H_2O$$

在这种情况下，滴定至"终点"时，常出现返回现象，使终点难以确定，滴定的重复性差。为了防止沉淀析出，可按以下步骤进行酸度调节：

量取水样 100ml 置于锥形瓶中，投入一小块刚果红试纸，用盐酸(6mol/L)酸化至试纸变色，振摇 2 分钟，然后从"加入缓冲溶液"开始如上操作。

## 七、实训思考

1. 说明水的硬度计算公式的来源。
2. 用 EDTA 法测定水的硬度时，哪些离子存在干扰？如何消除？
3. 为什么测定 $Ca^{2+}$、$Mg^{2+}$ 总含量时，要用缓冲溶液调节 pH 为 10 左右？

## 八、实训评价

| 测试项目 | 指标分值 | 测评标准 | | | | 项目得分 |
|---|---|---|---|---|---|---|
| | | 完全达到 | 基本达到 | 部分达到 | 少量达到 | |
| 移液管的操作 | 3 | 能熟练使用移液管移取溶液 | | | | |
| | | | | | | |
| 酸式滴定管的操作 | 3 | 1.能正确使用酸式滴定管，熟悉滴定操作<br>2.会用铬黑 T 指示剂判断滴定终点 | | | | |
| | | | | | | |
| 实验态度 | 2 | 1. 遵守实验、实训规章制度，遵守安全守则<br>2. 实验服保持清洁，认真操作，不高声谈笑 | | | | |
| | | | | | | |
| 实验习惯 | 2 | 1. 台面整洁，仪器摆放有序，爱护仪器，节约试剂<br>2. 操作规范，有条不紊，实训报告书写标准<br>3. 实验结束，能做好收尾工作 | | | | |
| | | | | | | |
| 总分 | | | | | | |

测试时间：　　年　　月　　日　　　　　　　　评价教师：

## 九、实训报告

实训名称：　　　　　　实训日期：　　　　　　实训成绩：

**1. 实训记录：**

(1) 水中 $Ca^{2+}$、$Mg^{2+}$ 总含量的测定

| EDTA 标准溶液的浓度(mol/L) | | | |
|---|---|---|---|
| 自来水体积(ml) | 25.00 | 25.00 | 25.00 |
| 滴定初始读数(ml) | | | |
| 滴定终点读数(ml) | | | |
| $V_{EDTA}$(ml) | | | |
| $\rho_{CaCO_3}$ (mg/L) | | | |
| 平均 $\rho_{CaCO_3}$ (mg/L) | | | |
| 相对平均偏差 | | | |

(2) 水中 $Ca^{2+}$ 含量的测定

| EDTA 标准溶液的浓度(mol/L) | | | |
|---|---|---|---|
| 自来水体积(ml) | 25.00 | 25.00 | 25.00 |
| 滴定初始读数(ml) | | | |
| 滴定终点读数(ml) | | | |
| $V_{EDTA}$(ml) | | | |
| $\rho_{CaCO_3}$ (mg/L) | | | |
| 平均 $\rho_{CaCO_3}$ (mg/L) | | | |
| 相对平均偏差 | | | |

**2. 实训小结：**

（张稳稳）

# 附　录

## 附录一　常用酸碱的相对密度和浓度

| 试剂名称 | 相对密度 | $\omega$（质量分数） | $C$(mol/L) |
|---|---|---|---|
| 盐酸 | 1.18～1.19 | 36%～38% | 11.6～12.4 |
| 硝酸 | 1.39～1.40 | 65%～68% | 14.4～15.2 |
| 硫酸 | 1.83～1.84 | 95%～98% | 17.8～18.4 |
| 磷酸 | 1.69 | 85% | 14.6 |
| 高氯酸 | 1.67～1.68 | 70%～72% | 11.7～12.0 |
| 氢氟酸 | 1.13～1.14 | 40% | 22.5 |
| 氢溴酸 | 1.49 | 47% | 8.6 |
| 冰醋酸 | 1.05 | 99.8%（GR）<br>99.0%（CR） | 17.4 |
| 乙酸 | 1.05 | 36%～37% | 6.0 |
| 氨水 | 0.88～0.90 | 25%～28% | 13.3～14.8 |
| 三乙醇胺 | 1.12 | — | 7.5 |
| 氢氧化钠 | 1.109 | 10% | 2.8 |

## 附录二　一些质子酸的解离常数(298.15K)

| 名称 | 化学式 | $K_a$ | $pK_a$ | 名称 | 化学式 | $K_a$ | $pK_a$ |
|---|---|---|---|---|---|---|---|
| 乙酸 | HAc | $1.76\times10^{-5}$ | 4.75 | 水 | $H_2O$ | $1.00\times10^{-14}$ | 14.0 |
| 氢氰酸 | HCN | $6.2\times10^{-10}$ | 9.21 | 硼酸 | $H_3BO_3$ | $5.8\times10^{-10}$ | 9.24 |
| 甲酸 | HCOOH | $1.77\times10^{-4}$ | 3.74 | 过氧化氢 | $H_2O_2$ | $2.2\times10^{-12}$ | 11.65 |
| 碳酸 | $H_2CO_3$ | $K_{a1}=4.30\times10^{-7}$<br>$K_{a2}=5.61\times10^{-11}$ | 6.38<br>10.25 | 硫代硫酸 | $H_2S_2O_3$ | $K_{a1}=0.25$<br>$K_{a2}=1.9\times10^{-2}$ | 0.60<br>1.72 |
| 氢硫酸 | $H_2S$ | $K_{a1}=1.3\times10^{-7}$<br>$K_{a2}=7.1\times10^{-15}$ | 6.89<br>14.15 | 铬酸 | $H_2CrO_4$ | $K_{a1}=1.8\times10^{-1}$<br>$K_{a2}=3.2\times10^{-7}$ | 0.74<br>6.49 |
| 草酸 | $H_2C_2O_4$ | $K_{a1}=5.9\times10^{-2}$<br>$K_{a2}=6.4\times10^{-5}$ | 1.23<br>4.19 | 邻苯二甲酸 | $C_6H_4(COOH)_2$ | $K_{a1}=1.1\times10^{-3}$<br>$K_{a2}=2.9\times10^{-6}$ | 2.95<br>5.54 |
| 磷酸 | $H_3PO_4$ | $K_{a1}=7.6\times10^{-3}$<br>$K_{a2}=6.3\times10^{-8}$<br>$K_{a3}=4.5\times10^{-13}$ | 2.12<br>7.20<br>12.36 | 柠檬酸 | $C_6H_8O_7$ | $K_{a1}=7.4\times10^{-4}$<br>$K_{a2}=1.7\times10^{-5}$<br>$K_{a3}=4.0\times10^{-7}$ | 3.13<br>4.76<br>6.40 |

续表

| 名称 | 化学式 | $K_a$ | $pK_a$ | 名称 | 化学式 | $K_a$ | $pK_a$ |
|---|---|---|---|---|---|---|---|
| 亚磷酸 | $H_3PO_3$ | $K_{a1}=3.7\times10^{-2}$<br>$K_{a2}=2.9\times10^{-7}$ | 1.43<br>6.54 | 酒石酸 | $C_4H_6O_6$ | $K_{a1}=9.1\times10^{-4}$<br>$K_{a2}=4.3\times10^{-5}$ | 3.04<br>4.37 |
| 氢氟酸 | HF | $6.8\times10^{-4}$ | 3.17 | 苯酚 | $C_6H_5OH$ | $1.1\times10^{-10}$ | 9.95 |
| 硫酸 | $H_2SO_4$ | $1.0\times10^{-2}$ | 1.99 | 苯甲酸 | $C_6H_5COOH$ | $6.2\times10^{-5}$ | 4.21 |
| 亚硫酸 | $H_2SO_3$ | $K_{a1}=1.2\times10^{-2}$<br>$K_{a2}=6.6\times10^{-8}$ | 1.91<br>7.18 | 羟胺 | $NH_2OH$ | $1.1\times10^{-6}$ | 5.96 |
| 碘酸 | $HIO_3$ | 0.49 | 0.31 | 肼 | $NH_2NH_2$ | $8.5\times10^{-9}$ | 8.07 |
| 次氯酸 | HClO | $4.6\times10^{-11}$ | 10.33 | 氨水 | $NH_3$ | $5.59\times10^{-10}$ | 9.25 |
| 次溴酸 | HBrO | $2.3\times10^{-9}$ | 8.63 | 甲胺 | $CH_5N$ | $2.3\times10^{-11}$ | 10.64 |
| 次碘酸 | HIO | $2.3\times10^{-11}$ | 10.64 | 苯胺 | $C_6H_5NH_2$ | $2.51\times10^{-5}$ | 4.60 |
| 亚氯酸 | $HClO_2$ | $1.1\times10^{-2}$ | 1.95 | 乙醇胺 | $C_2H_7ON$ | $3.18\times10^{-10}$ | 9.50 |
| 亚硝酸 | $HNO_2$ | $7.1\times10^{-4}$ | 3.15 | 吡啶 | $C_5H_5N$ | $5.90\times10^{-6}$ | 5.23 |
| 砷酸 | $H_3AsO_4$ | $K_{a1}=6.2\times10^{-3}$<br>$K_{a2}=1.2\times10^{-7}$<br>$K_{a3}=3.1\times10^{-12}$ | 2.21<br>6.93<br>11.51 | 乙胺 | $C_2H_5NH_2$ | $2.0\times10^{-11}$ | 10.70 |
| 亚砷酸 | $H_3AsO_3$ | $5.1\times10^{-10}$ | 9.29 | | | | |

# 附录三 常用酸碱指示剂

| 序号 | 名称 | pH 变色范围 | 酸式色 | 碱式色 | $pK_a$ | 浓度 |
|---|---|---|---|---|---|---|
| 1 | 甲基紫(第一次变色) | 0.13~0.5 | 黄 | 绿 | 0.8 | 0.1%水溶液 |
| 2 | 甲酚红(第一次变色) | 0.2~1.8 | 红 | 黄 | — | 0.04%乙醇(50%)溶液 |
| 3 | 甲基紫(第二次变色) | 1.0~1.5 | 绿 | 蓝 | | 0.1%水溶液 |
| 4 | 百里酚蓝(第一次变色) | 1.2~2.8 | 红 | 黄 | 1.65 | 0.1%乙醇(20%)溶液 |
| 5 | 茜素黄R(第一次变色) | 1.9~3.3 | 红 | 黄 | — | 0.1%水溶液 |
| 6 | 甲基紫(第三次变色) | 2.0~3.0 | 蓝 | 紫 | — | 0.1%水溶液 |
| 7 | 甲基黄 | 2.9~4.0 | 红 | 黄 | 3.3 | 0.1%乙醇(90%)溶液 |
| 8 | 溴酚蓝 | 3.0~4.6 | 黄 | 蓝 | 3.85 | 0.1%乙醇(20%)溶液 |
| 9 | 甲基橙 | 3.1~4.4 | 红 | 黄 | 3.40 | 0.1%水溶液 |
| 10 | 溴甲酚绿 | 3.8~5.4 | 黄 | 蓝 | 4.68 | 0.1%乙醇(20%)溶液 |
| 11 | 甲基红 | 4.4~6.2 | 红 | 黄 | 4.95 | 0.1%乙醇(60%)溶液 |
| 12 | 溴百里酚蓝 | 6.0~7.6 | 黄 | 蓝 | 7.1 | 0.1%乙醇(20%) |
| 13 | 中性红 | 6.8~8.0 | 红 | 黄 | 7.4 | 0.1%乙醇(60%)溶液 |
| 14 | 酚红 | 6.8~8.0 | 黄 | 红 | 7.9 | 0.1%乙醇(20%)溶液 |
| 15 | 甲酚红(第二次变色) | 7.2~8.8 | 黄 | 红 | 8.2 | 0.04%乙醇(50%)溶液 |

续表

| 序号 | 名称 | pH 变色范围 | 酸式色 | 碱式色 | $pK_a$ | 浓度 |
|---|---|---|---|---|---|---|
| 16 | 百里酚蓝(第二次变色) | 8.0~9.6 | 黄 | 蓝 | 8.9 | 0.1%乙醇(20%)溶液 |
| 17 | 酚酞 | 8.2~10.0 | 无色 | 紫红 | 9.4 | 0.1%乙醇(60%)溶液 |
| 18 | 百里酚酞 | 9.4~10.6 | 无色 | 蓝 | 10.0 | 0.1%乙醇(90%)溶液 |
| 19 | 茜素黄 R(第二次变色) | 10.1~12.1 | 黄 | 紫 | 11.16 | 0.1%水溶液 |
| 20 | 靛胭脂红 | 11.6~14.0 | 蓝 | 黄 | 12.2 | 25%乙醇(50%)溶液 |

## 附录四 常用缓冲溶液的配制和 pH

| 序号 | 溶液名称 | 配制方法 | pH |
|---|---|---|---|
| 1 | 氯化钾-盐酸溶液 | 13.0ml 0.2 mol/L HCl 溶液与 25.0ml 0.2mol/L KCl 溶液混合均匀后,加水稀释至 100ml | 1.7 |
| 2 | 氨基乙酸-盐酸溶液 | 在 500ml 水中溶解氨基乙酸 150g,加 480ml 浓盐酸,再加水稀释至 1L | 2.3 |
| 3 | 一氯乙酸-氢氧化钠溶液 | 在 200ml 水中溶解 2g 一氯乙酸后,加 40g NaOH,溶解完全后再加水稀释至 1L | 2.8 |
| 4 | 邻苯二甲酸氢钾-盐酸 | 将 25.0ml 0.2mol/L 的邻苯二甲酸氢钾溶液与 6.0ml 0.1mol/L HCl 溶液混合均匀,加水稀释至 100ml | 3.6 |
| 5 | 邻苯二甲酸氢钾-氢氧化钠溶液 | 将 25.0ml 0.2mol/L 的邻苯二甲酸氢钾溶液与 17.5ml 0.1mol/L NaOH 溶液混合均匀,加水稀释至 100ml | 4.8 |
| 6 | 六亚甲基四胺-盐酸 | 在 200ml 水中溶解六亚甲基四胺 40g,加浓盐酸 10ml,再加水稀释至 1L | 5.4 |
| 7 | 磷酸二氢钾-氢氧化钠溶液 | 将 25.0ml 0.2mol/L 的磷酸二氢钾溶液与 23.6ml 0.1mol/L NaOH 溶液混合均匀,加水稀释至 100ml | 6.8 |
| 8 | 硼酸-氯化钾-氢氧化钠 | 将 25.0ml 0.2mol/L 的硼酸-氯化钾溶液与 4.0ml 0.1mol/L NaOH 溶液混合均匀,加水稀释至 100ml | 8.0 |
| 9 | 氯化铵-氨水 | 将 0.1mol/L 氯化铵溶液与 0.1mol/L 氨水以 2∶1 比例混合均匀 | 9.1 |
| 10 | 硼酸-氯化钾-氢氧化钠溶液 | 将 25.0ml 0.2mol/L 的硼酸-氯化钾溶液与 43.9ml 0.1mol/L NaOH 溶液混合均匀,加水稀释至 100ml | 10.0 |
| 11 | 氨基乙酸-氯化钠-氢氧化钠溶液 | 将 49.0ml 0.1mol/L 氨基乙酸-氯化钠溶液与 51.0ml 0.1mol/L NaOH 溶液混合均匀 | 11.6 |
| 12 | 磷酸氢二钠-氢氧化钠溶液 | 将 50.0ml 0.05mol/L $Na_2HPO_4$ 溶液与 26.9ml 0.1 mol/L NaOH 溶液混合均匀,加水稀释至 100ml | 12.0 |
| 13 | 氯化钾-氢氧化钠溶液 | 将 25.0ml 0.2mol/L KCl 溶液与 66.0ml 0.2mol/L NaOH 溶液混合均匀,加水稀释至 100ml | 13.0 |

## 附录五 常见难溶化合物的溶度积常数(298.15K)

| 难溶化合物 | $K_{sp}$ | 难溶化合物 | $K_{sp}$ |
|---|---|---|---|
| AgAc | $1.94 \times 10^{-3}$ | Co(OH)$_2$(新析出) | $1.6 \times 10^{-15}$ |
| AgBr | $5.35 \times 10^{-13}$ | Co(OH)$_3$ | $1.6 \times 10^{-44}$ |

续表

| 难溶化合物 | $K_{sp}$ | 难溶化合物 | $K_{sp}$ |
|---|---|---|---|
| $Ag_2CO_3$ | $8.46 \times 10^{-12}$ | α-CoS(新析出) | $4.0 \times 10^{-21}$ |
| $AgCl$ | $1.77 \times 10^{-10}$ | β-CoS(陈化) | $2.0 \times 10^{-25}$ |
| $Ag_2C_2O_4$ | $5.40 \times 10^{-12}$ | $Cr(OH)_3$ | $6.3 \times 10^{-31}$ |
| $Ag_2CrO_4$ | $1.12 \times 10^{-12}$ | $CuBr$ | $6.27 \times 10^{-9}$ |
| $Ag_2Cr_2O_7$ | $2.0 \times 10^{-7}$ | $CuCN$ | $3.47 \times 10^{-20}$ |
| $AgI$ | $8.52 \times 10^{-17}$ | $CuCO_3$ | $1.4 \times 10^{-10}$ |
| $AgIO_3$ | $3.17 \times 10^{-8}$ | $CuCl$ | $1.72 \times 10^{-7}$ |
| $AgNO_2$ | $6.0 \times 10^{-4}$ | $CuCrO_4$ | $3.6 \times 10^{-6}$ |
| $AgOH$ | $2.0 \times 10^{-8}$ | $CuI$ | $1.27 \times 10^{-12}$ |
| $Ag_3PO_4$ | $8.89 \times 10^{-17}$ | $CuOH$ | $1.0 \times 10^{-14}$ |
| $Ag_2S$ | $6.3 \times 10^{-50}$ | $Cu(OH)_2$ | $2.2 \times 10^{-20}$ |
| $Ag_2SO_4$ | $1.20 \times 10^{-5}$ | $Cu_3(PO_4)_2$ | $1.40 \times 10^{-37}$ |
| $Al(OH)_3$ | $1.3 \times 10^{-33}$ | $Cu_2P_2O_7$ | $8.3 \times 10^{-16}$ |
| $AuCl$ | $2.0 \times 10^{-13}$ | $CuS$ | $6.3 \times 10^{-36}$ |
| $AuCl_3$ | $3.2 \times 10^{-25}$ | $Cu_2S$ | $2.5 \times 10^{-48}$ |
| $Au(OH)_3$ | $5.5 \times 10^{-46}$ | $FeCO_3$ | $3.2 \times 10^{-11}$ |
| $BaCO_3$ | $2.58 \times 10^{-9}$ | $FeC_2O_4 \cdot 2H_2O$ | $3.2 \times 10^{-7}$ |
| $BaC_2O_4$ | $1.6 \times 10^{-7}$ | $Fe(OH)_2$ | $4.87 \times 10^{-17}$ |
| $BaCrO_4$ | $1.17 \times 10^{-10}$ | $Fe(OH)_3$ | $2.79 \times 10^{-39}$ |
| $BaF_2$ | $1.84 \times 10^{-7}$ | $FeS$ | $6.3 \times 10^{-18}$ |
| $Ba_3(PO_4)_2$ | $3.4 \times 10^{-23}$ | $Hg_2Cl_2$ | $1.43 \times 10^{-18}$ |
| $BaSO_3$ | $5.0 \times 10^{-10}$ | $Hg_2I_2$ | $5.2 \times 10^{-29}$ |
| $BaSO_4$ | $1.08 \times 10^{-10}$ | $Hg(OH)_2$ | $3.0 \times 10^{-26}$ |
| $BaS_2O_3$ | $1.6 \times 10^{-5}$ | $Hg_2S$ | $1.0 \times 10^{-47}$ |
| $Bi(OH)_3$ | $4.0 \times 10^{-31}$ | $HgS$(红) | $4.0 \times 10^{-53}$ |
| $BiOCl$ | $1.8 \times 10^{-31}$ | $HgS$(黑) | $1.6 \times 10^{-52}$ |
| $Bi_2S_3$ | $1.0 \times 10^{-97}$ | $Hg_2SO_4$ | $6.5 \times 10^{-7}$ |
| $CaCO_3$ | $3.36 \times 10^{-9}$ | $KIO_4$ | $3.71 \times 10^{-4}$ |
| $CaC_2O_4 \cdot H_2O$ | $2.32 \times 10^{-9}$ | $K_2[PtCl_6]$ | $7.48 \times 10^{-6}$ |
| $CaCrO_4$ | $7.1 \times 10^{-4}$ | $K_2[SiF_6]$ | $8.7 \times 10^{-7}$ |
| $CaF_2$ | $3.45 \times 10^{-11}$ | $Li_2CO_3$ | $8.15 \times 10^{-4}$ |
| $CaHPO_4$ | $1.0 \times 10^{-7}$ | $LiF$ | $1.84 \times 10^{-3}$ |
| $Ca(OH)_2$ | $5.02 \times 10^{-6}$ | $MgCO_3$ | $6.82 \times 10^{-6}$ |
| $Ca_3(PO_4)_2$ | $2.07 \times 10^{-33}$ | $MgF_2$ | $5.16 \times 10^{-11}$ |
| $CaSO_4$ | $4.93 \times 10^{-5}$ | $Mg(OH)_2$ | $5.61 \times 10^{-12}$ |
| $CaSO_3 \cdot 0.5H_2O$ | $3.1 \times 10^{-7}$ | $MnCO_3$ | $2.24 \times 10^{-11}$ |
| $CdCO_3$ | $1.0 \times 10^{-12}$ | $Mn(OH)_2$ | $1.9 \times 10^{-13}$ |

续表

| 难溶化合物 | $K_{sp}$ | 难溶化合物 | $K_{sp}$ |
|---|---|---|---|
| $CdC_2O_4 \cdot 3H_2O$ | $1.42 \times 10^{-8}$ | MnS(无定形) | $2.5 \times 10^{-10}$ |
| $Cd(OH)_2$(新析出) | $2.5 \times 10^{-14}$ | MnS(结晶) | $2.5 \times 10^{-13}$ |
| CdS | $8.0 \times 10^{-27}$ | $Na_3AlF_6$ | $4.0 \times 10^{-10}$ |
| $CoCO_3$ | $1.40 \times 10^{-13}$ | $NiCO_3$ | $1.42 \times 10^{-7}$ |
| $Ni(OH)_2$(新析出) | $2.0 \times 10^{-15}$ | $PbI_2$ | $9.8 \times 10^{-9}$ |
| α-NiS | $3.2 \times 10^{-19}$ | $PbSO_4$ | $2.53 \times 10^{-8}$ |
| $Pb(OH)_2$ | $1.43 \times 10^{-20}$ | $Sn(OH)_2$ | $5.45 \times 10^{-27}$ |
| $Pb(OH)_4$ | $3.2 \times 10^{-44}$ | $Sn(OH)_4$ | $1.0 \times 10^{-56}$ |
| $Pb_3(PO_4)_2$ | $8.0 \times 10^{-40}$ | SnS | $1.0 \times 10^{-25}$ |
| $PbMoO_4$ | $1.0 \times 10^{-13}$ | $SrCO_3$ | $5.60 \times 10^{-10}$ |
| PbS | $8.0 \times 10^{-28}$ | $SrC_2O_4 \cdot H_2O$ | $1.60 \times 10^{-7}$ |
| β-NiS | $1.0 \times 10^{-24}$ | $SrC_2O_4$ | $2.2 \times 10^{-5}$ |
| γ-NiS | $2.0 \times 10^{-26}$ | $SrSO_4$ | $3.44 \times 10^{-7}$ |
| $PbBr_2$ | $6.60 \times 10^{-6}$ | $ZnCO_3$ | $1.46 \times 10^{-10}$ |
| $PbCO_3$ | $7.4 \times 10^{-14}$ | $ZnC_2O_4 \cdot 2H_2O$ | $1.38 \times 10^{-9}$ |
| $PbCl_2$ | $1.70 \times 10^{-5}$ | $Zn(OH)_2$ | $3.0 \times 10^{-17}$ |
| $PbC_2O_4$ | $4.8 \times 10^{-10}$ | α-ZnS | $1.6 \times 10^{-24}$ |
| $PbCrO_4$ | $2.8 \times 10^{-13}$ | β-ZnS | $2.5 \times 10^{-22}$ |

## 附录六 常见配离子的稳定常数 $K_{稳}$(298.15K)

| 配离子 | $K_{稳}$ | 配离子 | $K_{稳}$ |
|---|---|---|---|
| $[AuCl_2]^+$ | $6.3 \times 10^9$ | $[Co(en)_3]^{2+}$ | $8.69 \times 10^{13}$ |
| $[CdCl_4]^{2-}$ | $6.33 \times 10^2$ | $[Co(en)_3]^{3+}$ | $4.90 \times 10^{48}$ |
| $[CuCl_3]^{2-}$ | $5.0 \times 10^5$ | $[Cr(en)_2]^{2+}$ | $1.55 \times 10^9$ |
| $[CuCl_2]^{2-}$ | $3.1 \times 10^5$ | $[Cu(en)_2]^+$ | $6.33 \times 10^{10}$ |
| $[FeCl]^+$ | 2.29 | $[Cu(en)_3]^{2+}$ | $1.0 \times 10^{21}$ |
| $[FeCl_4]^-$ | 1.02 | $[Fe(en)_3]^{2+}$ | $5.00 \times 10^9$ |
| $[HgCl_4]^{2-}$ | $1.17 \times 10^{15}$ | $[Hg(en)_2]^{2+}$ | $2.00 \times 10^{23}$ |
| $[PbCl_4]^{2-}$ | 39.8 | $[Mn(en)_3]^{2+}$ | $4.67 \times 10^5$ |
| $[PtCl_4]^{2-}$ | $1.0 \times 10^{16}$ | $[Ni(en)_3]^{2+}$ | $2.14 \times 10^{18}$ |
| $[SnCl_4]^{2-}$ | 30.2 | $[Zn(en)_3]^{2+}$ | $1.29 \times 10^{14}$ |
| $[ZnCl_4]^{2-}$ | 1.58 | $[AlF_6]^{3-}$ | $6.94 \times 10^{19}$ |
| $[Ag(CN)_2]^-$ | $1.3 \times 10^{21}$ | $[FeF_6]^{3-}$ | $1.0 \times 10^{16}$ |
| $[Ag(CN)_4]^{3-}$ | $4.0 \times 10^{20}$ | $[AgI_3]^{2-}$ | $4.78 \times 10^{13}$ |
| $[Au(CN)_2]^-$ | $2.0 \times 10^{38}$ | $[AgI_2]^-$ | $5.94 \times 10^{11}$ |

续表

| 配离子 | $K_\text{稳}$ | 配离子 | $K_\text{稳}$ |
| --- | --- | --- | --- |
| $[Cd(CN)_4]^{2-}$ | $6.02\times10^{18}$ | $[CdI_4]^{2-}$ | $2.57\times10^5$ |
| $[Cu(CN)_2]^-$ | $1.0\times10^{16}$ | $[CuI_2]^-$ | $7.09\times10^8$ |
| $[Cu(CN)_4]^{3-}$ | $2.00\times10^{30}$ | $[PbI_4]^{2-}$ | $2.95\times10^4$ |
| $[Fe(CN)_6]^{4-}$ | $1.0\times10^{35}$ | $[HgI_4]^{2-}$ | $6.76\times10^{29}$ |
| $[Fe(CN)_6]^{3-}$ | $1.0\times10^{42}$ | $[Ag(NH_3)_2]^+$ | $1.12\times10^7$ |
| $[Hg(CN)_4]^{2-}$ | $2.5\times10^{41}$ | $[Cd(NH_3)_6]^{2+}$ | $1.38\times10^5$ |
| $[Ni(CN)_4]^{2-}$ | $2.0\times10^{31}$ | $[Cd(NH_3)_4]^{2+}$ | $1.32\times10^7$ |
| $[Zn(CN)_4]^{2-}$ | $5.0\times10^{16}$ | $[Co(NH_3)_6]^{3+}$ | $1.58\times10^{35}$ |
| $[Ag(SCN)_4]^{3-}$ | $1.20\times10^{10}$ | $[Cu(NH_3)_2]^+$ | $7.25\times10^{10}$ |
| $[Ag(SCN)_2]^-$ | $3.72\times10^7$ | $[Cu(NH_3)_4]^{2+}$ | $2.09\times10^{13}$ |
| $[Au(SCN)_4]^{3-}$ | $1.0\times10^{42}$ | $[Fe(NH_3)_2]^{2+}$ | $1.6\times10^2$ |
| $[Au(SCN)_2]^-$ | $1.0\times10^{23}$ | $[Hg(NH_3)_4]^{2+}$ | $1.90\times10^{19}$ |
| $[Cd(SCN)_4]^{2-}$ | $3.98\times10^3$ | $[Mg(NH_3)_2]^{2+}$ | 20 |
| $[Co(SCN)_4]^{2-}$ | $1.00\times10^5$ | $[Ni(NH_3)_6]^{2+}$ | $5.49\times10^8$ |
| $[Cr(NCS)_2]^+$ | $9.52\times10^2$ | $[Ni(NH_3)_4]^{2+}$ | $9.09\times10^7$ |
| $[Cu(SCN)_2]^-$ | $1.51\times10^5$ | $[Pt(NH_3)_6]^{2+}$ | $2.00\times10^{35}$ |
| $[Fe(NCS)_2]^+$ | $2.29\times10^3$ | $[Zn(NH_3)_4]^{2+}$ | $2.88\times10^9$ |
| $[Hg(SCN)_4]^{2-}$ | $1.70\times10^{21}$ | $[Al(OH)_4]^-$ | $1.07\times10^{33}$ |
| $[Ni(SCN)_3]^-$ | 64.5 | $[Bi(OH)_4]^-$ | $1.59\times10^{35}$ |
| $[AgEDTA]^{3-}$ | $2.09\times10^5$ | $[Cd(OH)_4]^{2-}$ | $4.17\times10^8$ |
| $[AlEDTA]^-$ | $1.29\times10^{16}$ | $[Cr(OH)_4]^-$ | $7.94\times10^{29}$ |
| $[CaEDTA]^{2-}$ | $1.0\times10^{11}$ | $[Cu(OH)_4]^{2-}$ | $3.16\times10^{18}$ |
| $[CdEDTA]^{2-}$ | $2.5\times10^7$ | $[Fe(OH)_4]^{2-}$ | $3.80\times10^8$ |
| $[CoEDTA]^{2-}$ | $2.04\times10^{16}$ | $[Ca(P_2O_7)]^{2-}$ | $4.0\times10^4$ |
| $[CoEDTA]^-$ | $1.0\times10^{36}$ | $[Cd(P_2O_7)]^{2-}$ | $4.0\times10^5$ |
| $[CuEDTA]^{2-}$ | $5.0\times10^{18}$ | $[Cu(P_2O_7)]^{2-}$ | $1.0\times10^8$ |
| $[FeEDTA]^{2-}$ | $2.14\times10^{14}$ | $[Pb(P_2O_7)]^{2-}$ | $2.0\times10^5$ |
| $[FeEDTA]^-$ | $1.70\times10^{24}$ | $[Ni(P_2O_7)_2]^{6-}$ | $2.5\times10^2$ |
| $[HgEDTA]^{2-}$ | $6.33\times10^{21}$ | $[Ag(S_2O_3)]^-$ | $6.62\times10^8$ |
| $[MgEDTA]^{2-}$ | $4.37\times10^8$ | $[Ag(S_2O_3)_2]^{3-}$ | $2.88\times10^{13}$ |
| $[MnEDTA]^{2-}$ | $6.3\times10^{13}$ | $[Cd(S_2O_3)_2]^{2-}$ | $2.75\times10^6$ |
| $[NiEDTA]^{2-}$ | $3.64\times10^{18}$ | $[Cu(S_2O_3)_2]^{3-}$ | $1.66\times10^{12}$ |
| $[ZnEDTA]^{2-}$ | $2.5\times10^{16}$ | $[Pb(S_2O_3)_2]^{2-}$ | $1.35\times10^5$ |
| $[Ag(en)_2]^+$ | $5.00\times10^7$ | $[Hg(S_2O_3)_4]^{6-}$ | $1.74\times10^{33}$ |
| $[Cd(en)_3]^{2+}$ | $1.20\times10^{12}$ | $[Hg(S_2O_3)_2]^{2-}$ | $2.75\times10^{29}$ |

## 附录七　特殊试剂的配制方法

| 试剂 | 配制方法 |
| --- | --- |
| 0.1mol/L $BiCl_3$ 溶液 | 溶解 316g $BiCl_3$ 于 220ml 6 mol/L HCl 溶液中，加水稀释至 1L |
| 0.1mol/L $SbCl_3$ 溶液 | 溶解 22.8g $SbCl_3$ 于 330ml 6 mol/L HCl 溶液中，加水稀释至 1L |
| 0.1mol/L $SnCl_2$ 溶液 | 溶解 22.6g $SnCl_2 \cdot 2H_2O$ 于 330ml 6 mol/L 中，加水稀释至 1L，加入数粒金属锡粒，以防氧化 |
| 0.1mol/L $HgNO_3$ 溶液 | 溶解 33.4g 硝酸汞晶体于 1L 0.6mol/L 硝酸中 |
| 0.1mol/L $Hg_2(NO_3)_2$ 溶液 | 溶解 56.1g 硝酸亚汞晶体于 1L 0.6mol/L 硝酸中，并加少许金属汞 |
| 1mol/L $(NH_4)_2CO_3$ 溶液 | 96g 研细的碳酸铵溶于 1L 2 mol/L 的氨水 |
| $(NH_4)_2SO_4$ 饱和溶液 | 50g $(NH_4)_2SO_4$ 溶于 10ml 热水，冷却后过滤 |
| 2mol/L $Na_2S$ 溶液 | 溶解 240g 硫化钠晶体和 40g 氢氧化钠于水中，稀释至 1L |
| 3mol/L $(NH_4)_2S$ 溶液 | 在 200ml 浓氨水中，通入 $H_2S$ 直至不再吸收为止，然后再加入 200ml 浓氨水，稀释至 1L |
| $K_3[Fe(CN)_6]$ 溶液 | 取铁氰化钾 0.7～1g 溶解于水，稀释至 100ml（使用前临时配制） |
| 2,4-二硝基苯肼溶液 | 称取 3g 2,4-二硝基苯肼溶于 15ml 浓硫酸中，将此溶液慢慢加到 70ml 95%乙醇溶液中，再加蒸馏水稀释到 100ml，过滤，滤液储存于棕色瓶中 |
| 氯化亚铜溶液 | 称取 1g 氯化亚铜，加 1～2ml 浓氨水和水 10ml，用力振摇，静置片刻，倾出溶液，并投入一块铜片（或一根铜丝）储存备用（如果溶液由于被氧化而出现蓝色，可在温热下滴加 20%盐酸羟胺至无色 |
| 碘试剂 | 分别称取 2g 碘和 5g 碘化钾，溶于 100ml 蒸馏水中 |
| 斐林试剂　A 液 | 称取 5g 硫酸铜晶体溶于 100ml 蒸馏水中，混浊时可过滤 |
| 斐林试剂　B 液 | 称取 17g 酒石酸钾钠溶于 20ml 热水中，加入 20ml 5mol/L 的氢氧化钠溶液，再加蒸馏水稀释到 100ml。两种溶液分别储存，使用时再等量混合 |
| 希夫试剂 | 称取 0.2g 品红盐酸盐于 100ml 热水中，冷却后，加入 2g 亚硫酸氢钠和 2ml 浓盐酸，加蒸馏水稀释到 200ml，待红色褪去即可使用。若呈浅红色，可加入少量活性炭振摇并过滤，储存于棕色瓶中 |
| 亚硝酰铁氰化钠溶液 | 10g 亚硝酰铁氰化钠溶解于 100ml 水中，保存于棕色瓶中。如果溶液变绿就不能用了 |
| 班氏试剂 | 称取柠檬酸钠 20g，无水碳酸钠 11.5g，溶于 100ml 热水中。在不断搅拌下把含 2g 硫酸铜晶体的 20ml 水溶液慢慢加到此柠檬酸钠和碳酸钠的溶液中。溶液应澄清，否则需过滤 |
| 莫立许试剂 | 称取 α-萘酚 10g 溶于适量 75%乙醇溶液中，并用乙醇稀释到 100ml |
| 塞利凡诺夫试剂 | 称取间苯二酚 0.05g 溶于 50ml 浓盐酸中，用水稀释至 100ml |
| 米伦试剂 | 将 1g 金属汞溶于 2ml 浓硝酸中，加水到 6ml，加入活性炭 0.5g，搅拌，过滤 |
| 苯肼试剂 | 1. 溶解 4ml 苯肼于 4ml 冰醋酸中，加水 36ml，加入活性炭 0.5g，过滤，储存于棕色瓶中<br>2. 也可以溶解 5g 盐酸苯肼于 160 ml 水中，加入活性炭 0.5g，过滤，再溶解 9g 乙酸钠晶体而成<br>3. 还可以将 2 份盐酸苯肼和 3 份乙酸钠晶体混合研匀，临时取适量混合物溶于水，直接使用 |
| 重铬酸钾硫酸溶液 | 称取 10g 重铬酸钾置于 400ml 烧杯中，以少量水溶解后，在不断搅拌下注入 200ml 浓硫酸，待溶解并冷却至室温后，转移入试剂瓶中备用 |
| 蛋白质溶液 | 将鸡蛋或鸭蛋的蛋清以 10 倍体积的水稀释，混匀 |
| 蛋白质氯化钠溶液 | 按上法以 0.9%氯化钠溶液制成 |

(陈先玉)